増補改訂版

未来の学力は「親子の古典音読」で決まる！

松永暢史

ワニ・プラス

はじめに

これが結論です!

ここに、受験コンサルタント、受験のプロとして四十数年にわたって、子どもたち、とくに勉強が苦手な子どもたちと接してきた結果、断言できることが一つあります。

それは、**「国語ができない子どもは、勉強ができるようにはならない」**ということです。厳密に言うと「日本語ができない」と言ったほうがよいかもしれません。言葉でやりとりする力が弱い、ということは言葉を使って考える力も弱いことになるのです。

「国語ができる」とは、国語のテストで高得点が取れるということだけではありません。

- **他人の話を聞いてよく理解し、自分の言葉でこれに対する見解を的確に述べることができる。**
- **他人の書いたものを読んでよく理解し、自分の言葉でこれに対する見解を的確に記述**

することができる。

この二点に尽きると私は考えています。

このような、日本語を使ってものごとを理解し表現する力のことを、私は「日本語了解能力」や「日本語運用能力」と呼んでいます。「国語力」と言い換えてもさしつかえないでしょう。

そして、この「国語力」は、実はすべての学習活動のために必要な根本の力、学力の土台なのです。ですから、この力が不足していれば、勉強ができるようにはなりません。

考えてみれば当たり前のことです。

日本では学校の授業の九十九パーセントが日本語で行われ、教科書も参考書も日本語で書かれています。そして成績を判定するテストももちろん日本語で行われますから、「国語力」＝「日本語了解能力」（以下、「国語力」で統一します）がなければ、たんに国語の成績が悪いだけにとどまらず、算数の応用問題も解けませんし、社会や理科でも自分の考えをまとめることができません。数学ができないのではなくて、**数学の理論を説明しているその日本語がわからないために、点数が取れない**ということになるのです。

逆に言えば、「国語力」をアップすることさえできれば、全体の成績も上昇します。

つまり、**「国語力が高い」ことと、「勉強ができる」「アタマがよい」こととは、ほとんどイコール**なのです。

では、その国語力をアップするためにはどうすればよいのか？　そこにはいかなる克服すべき問題があるのか？

ところが、私が偶然発見し、改良してきたその方法はごく単純で簡単なものなのです。それは、日本語古典の名文を音読すればいい、たったそれだけのことです。その際、注意することは、次の二点です。

大きな声で一音一音区切ってはっきりと読む。

時代的に古いものから順に、新しいものへと読み進む。これのみです。

お子さんが小学生なら、さっそく親子でいっしょに、古典の音読を始めましょう。

お子さんがまだ乳幼児の場合はどうでしょう。私は、かねてから親御さん、とくにお母さんがお子さんに行う「読み聞かせ」の重要さを訴えてきました。その読み聞かせとともに、さらにお子さんの前でお母さんが古典の音読を練習して、その「音」が子どもの耳に入りさえすればよいのです。

しかし、古典、古文と聞くだけで「うわぁ、読めない、わからない、無理！」と頭を抱える方も多いと思います。だから、この本では、まずみなさんの「古文アレルギー」を一掃したいと思います。意味や文法がわからなくても大丈夫。単純で簡単です。誰でもできます。

私の生徒たちはみな古文が得意教科です。学校の予習も一学期分が三時間の音読ですんでしまいます。小学生でもできますから、大人のみなさんには古文なんて簡単に読めます。私に習えば誰でも古文が得意になります。

そして、ここがこの本の真の目的なのですが、みなさんが繰り返し練習する声をお子さんに聴かせること、つまり日本語の基となる名文中の名文の音をそばにいる子どもに体感させてしまうこと。そうしてそれを耳にした子どもがやがてそれを覚えて口ずさむようになること。さらに母子でいっしょに音読できるようになればしめたものです。必ずお子さんには国語力がつき、やがて自ら進んで読書するようになるでしょう。

幼い子どもの耳に、日本語古典の音を入れることができるのは、現状では親、特に母親しかいないということになるはずです。お母さんだって、大嫌いだった日本語古典を読んで理解できるようになれば、日本語の能力が信じられないほど高まります。最近、

「受験成功は母親が九割」といったタイトルの本がいくつか出ていますが、これを私が正しく言い換えますと、**「受験成功は母親の日本語力が八割」となる**のです。母親が高まる。子どもも高まる。これこそが受験成功に結びつく「奥義」に他なりません。

ここまで読まれて、よしやってみようと決めた方は、即座に第2部の実践編に進んでいただいてかまいません。そこには私が厳選したテキストが時代順に用意されています。

まだ、半信半疑な方、どうして古典を音読することが国語力、そして成績アップにつながるのかその理由をもっと深く知りたい方、「お前、そんな方法どうやって発見したの?」と興味を持たれた方は第1部を読まれてから第2部実践編へとお進みください。

増補・改訂版にあたって

わが子の、そして自らの幸せの基は「古典音読」にあり！

この国で「アタマがよい」ということとは、「日本語の了解能力・運用能力に優れる」ということにほかなりません。

勉強ができる人、高学歴の人、よく観察してみれば、そうした人たちのなかに日本語能力が劣っている人はまず見当たらないでしょう。

私が家庭教師、個人教授という仕事を始めてはや半世紀近くが過ぎようとしています。大学時代のアルバイトから、そのまま勤めもせず、組織にも属さず個人教授歴四十八年の自称「化け猫家庭教師」がつかんだ「奥義」。それは、子どもを勉強ができるようにするためには、アタマをよくするためには、まずは、日本語の能力を高めることが必要だということ。そして、そのためには、日本語古典の音読が大切だということです。

その土台がなければ、全ての学習は「砂上の楼閣」。ただ単に知識を暗記することだけのものになり、決して、主体的に考える力を持った人間を育むことはできず、その成績も頭打ちになってしまうケースが多いのです。

私の言葉を信じていただければ、大人でも子供でも、誰でも自らのアタマをよくすることができます。自らが高まったという実感を持つことができます。そして、実際すでにそうなってしまった人をたくさん目にしてきました。

人の言わんとすることがよくわかる。だから、人の言うことに騙されない。

そして、自分の言いたいことが口に出せる。黙って我慢する必要がない。


こんなに簡単でしかも有効なメソッドはほかにはない。このメソッドを、私の周囲の者たちだけの「秘密」にしたくない。すべての日本人にお伝えしたい。特に、日本中の子どもたちの耳と口と脳にこれを届けたい。そして多くの人に知ってもらい、いつの日か未来、学校で授業に取り入れるようになってほしい。

そうした思いで書いた本が、二〇一六年に出版した『未来の学力は、「親子の古典音読」で決まる！』でした。

幸い、感性鋭き多くの人に受け入れていただき、少なからずその効果に対する感謝のお言葉もいただきました。これに勇気付けられて私は思いました。順調に版を重ねるなかで、これをテキストに全国に日本語古典の音読の活動の輪を広げようと。

そこで、音読指導者養成講座を開き、このメソッドの伝達を図ろうとしました。

しかし、ここで「事件」が起こりました。大きな「障害」が発生したのです。二〇一九年に端を発した「コロナ騒動」です。空気感染の可能性が高い状況では、音読の対面直接指導はできませんし、多くの人が集まる音読講演なんて問題外です。大切な条件でもある大声を出すことも憚《はばか》られます。何しろ、みんなマスクをしています。これでは音読法の直接指導はできません。

ようやく、二〇二二年ごろから徐々にコロナ騒動は終息し、それを機にまるで溜まっていたマグマが噴出するように、急速に音読に関する動きが活発化してきました。日本語古典音読に関心を持ち、さらにそれを実践する人たちが数多く現れたのです。

この間、私は本書の発展バージョンでもある『カタカムナ音読法』(ワニ・プラス刊)を二〇二二年に上梓しました。本書でも、日本語の源流と私が確信しているカタカムナについての記述、テキストが掲載されていますが、そのカタカムナの音読にスポットを当てて詳述した一冊です。この本もまた、子どもたちの日本語能力を高めてもらうための出版でしたが、これがことのほか、大人たち、すでに高校や大学を卒業して社会人となった方々に受け入れられ版を重ねているのです。

特筆すべきことは、このカタカムナ音読法を用いて日本語古典を読むと、驚くことに、これを読んだままに訳さずに理解できることです。カタカムナから音読を始めて、『古事記』、『万葉集』、『古今集』、『源氏物語』、『徒然草』……と過去から現代に向けて順番に読んでいくと、現代文が明瞭に理解できるようになるということなのです。

そして、その一連の体験は、明らかに「アタマによい」という手応えと実感を与えてくれます。

現代文が読めれば、あらゆるテキストを読めるようになるので、その気になれば、たとえ不登校になったとしても、学校の授業がチョロ過ぎて物足りなかったとしても、学校の授業で扱わない分野の学問を学びたいと考えたとしても、自ら独力で勉強して前に進むことができます。

いったい私たちが中学高校で習った古文の学習とはなんだったのでしょうか。

原文をノートに2行おきに写し、そこに文法の決まり事や現代語訳を付ける。そして、ひたすら暗記。けれども、そんなことに時間や手間を費やしても、古文を読んだままに即座に理解できるようにはなりません。それでは、現代文の理解にも決してつながらない。

これは英語が話せるようにならない英語教育と同様に「欺瞞《ぎまん》」と言えるのではないでしょうか。

ところが、この本に書いてあることを実践すれば、つまり、日本語古典を一音一音切って音読すれば、古典が読んでそのままわかるようになり、現代文もよく読めるようになる。すると、言語コミュニケーション能力は飛躍的にアップし、人の話を聞いてよく理解できるようになる。自由に発語できるようになる。おまけに文章がすらすら書けるようになる。しかも、これは誰でもできるようになるのです。そして、断言しますが、この能力を身につけた者たちは入試に強い。中学受験でも、高校受験でも、大学受験でも強いのです。

閑話休題です。

やや話はそれますが、皆さんは大学って何をしにいくところか考えたことがありますか。

大学とは、専門家、つまり学者の話を聴きに行くところです。

専門家は専門用語が散りばめられた論説文体で話します。この専門家の話が理解できないと大学へ行く意味はありません。そして、専門家＝学者は、学生たちに「テキスト」を提示してきます。これは、多くは横書きの論説文体で、しかも外国語をそのままカタカナに訳した言葉も頻出します。しかし、これを読んで理解できなければ、授業についていくことはできません。さらに大学では、この講座を学んだ結果、どのようなことがわかったのかなどを報告するレポートを書けなければ良い成績はもらえません。

すなわち大学とは、論説文体を聴いて理解し、その上で与えられたテキストを読みこなし、さらに自分の考えを小論文化できることを前提にした高等教育機関なのです。だから、大学側が求めているのはそうした能力のある学生であり、進学実績を高めたい中高一貫校が入学させたい生徒もその能力を持つ者たちです。だからこそ、高校受験の推薦入試も、文章が書けることが前提のものになってきているのです。

ところが、一八歳の時点で、この三つの能力が備わった学生はいったい全体の何％に達するのでしょうか。私は、せいぜい一〇％〜二〇％程度に過ぎないのではないかと考えています。

現在、大学進学者の半数以上はＡＯ入試、あるいは推薦入試で合否を判定されています。そのＡＯ入試や推薦入試で必ず課せられるのが小論文です。つまり、小論文が書けないとAO入試にトライすることもできません。逆に一八歳までに、論説文テキストを読みこなし、自分の考えを文章化することができるようになっていれば、それだけで大学の方も入学を許可するようになっているということです。

そして、そうしたテキストを自分で読む力、自分の考えを小論文化する力の基になるのは、子どもの頃に古典文の音に親しむことであり、これを読むことであり、そしてそれが読書や作文に自然と移行するように教育環境設定することだと思うのです。

ここで、わが子の成績を上げたい、受験に成功してほしいと本書を手に取った、意識の高い読者の方に考えてみてほしいのです。

わが子の成績を上げたい、中学・高校・大学受験に合格してほしい、そう願うのは、結局のところ、わが子に幸せになってもらいたいからだと思います。幸せのかたちは人それぞれ、多様なものだとは思います。ただ、私が考える幸せな人生の共通項は、主体的に生き、パートナーや家族、友人、先輩・後輩など周囲の人々に恵まれ、できれば、人生の大半の時間を費やす仕事で成功を実感できることだと思います。

日本をベースに生きていく限り、これらに必要な最も重要な能力は、「聞く・話す」

「読む・書く」といった「日本語了解能力・運用能力」なのです。

人生をともに過ごすパートナーと出会う、付き合う、暮らす。ここでも、母語を日本語とする人たち同士なら、そのコミュニケーションは日本語で行われます。相手を不快にさせず、自らも不快にならない、さらに互いを高め合える……これらのプロセスも日本語で行われます。

仕事に関しても、ものやサービスを売るためのプレゼンや営業トーク、企画書の作成、報告書や稟議書などの様々な書類……これらもすべて日本語です。様々な資格試験に至っては当然、日本語で行われます。実際、「仕事ができる」と評価される人は、経営に携わる層まで含めて日本語の運用能力が高いはずです。

つまり、高い「日本語了解能力・運用能力」をもちさえすれば、幸せになるための選択肢と可能性が広がることになります。

そして、大切なことは、この古典音読法の実践には、お金がかからないということです。経済的な問題は一切、発生しないのです。経済的な事情で塾に通うことが難しいとしても、この学習メソッドならば容易に取り組むことができます。また、幼児期から始めるのが理想ではありますが、始めるのに遅すぎるということもない。いつでも、だれでも気がついた時から、「アタマがよくなる」「幸せな人生を歩む」ためのスタートが切れるのです。

するべきことは、日本語古典を一音一音切って読む、たったそれだけ。

子どものアタマをよくしたい、わが子に幸せになってほしいと願う親御さんは、これを機会に是非、本気でこの音読法に取り組んでいただきたいと思います。

新装版では、旧版のルビにあった誤植を正し、その上で読みやすいように字をやや大きくして、可能な限り「見開き型」にし、テキストとして使いやすいものにしました。

どうかこれをボロボロになるまで読み込んで、幼い子どもたちの家庭での生活音の一つになるように音読の声を響かせていただきたいと思います。

子どもたちの未来の幸福の基を作るために。そして自らが幸せを実感できるようになるために。

ヒフミ
ヨイ。。。

第1部

魔法の音読法

理論編

第１章

誰でも国語力が飛躍的に上がる、究極のメソッド発見！

日本語音読法の決定打と出合う

私が発見した究極のメソッドというのは、日本語音読法の決定打とも言えるものです。

それは、日本語を上達させたければ（つまり国語力をアップさせたければ）、古典の名文を大声で一音一音切って読めばいい、ということです。

ただこれだけ。難しくはありません。簡単でシンプル。誰にでもできてしまう方法です。

要点は二つだけ。

一、一音一音区切って大声ではっきり読む
二、古典の名文をテキストに、古い時代のものから新しい時代のものへ順に読み進める

これだけです。だまされたと思って試してみてください。

難しいと思っていた明治時代の旧仮名遣い文はもちろん、江戸時代、鎌倉時代、平安時代の古文も、不思議なことにすらすらと読めるようになってしまいます。

現代文も、抵抗なく読めるようになりますから、理解が速くなります。いつの間にか国語力がついて、頭がよくなるのです。

この音読法を発見できたのは、東大卒の優秀な家庭教師が何人も逃げたあとの、「できない」中二男子の指導を引き受けたことがきっかけでした。それまでも「できない」生徒は数多く見てきましたが、彼のレベルは相当でした。

最初は散らかりきった彼の部屋の片付けをいっしょにすることから始め、学習の様子を探りました。すぐにわかったのは、彼がほとんど「文章」を読めないということでし

た。クラスでビリから二番目と自分で口にしていましたが、一行どころか、五字程度も、並ぶ文字を連続して読むことができないのです。

さすがの私も驚くほどでした。文字が追えなくなると、「僕は勉強に向いていない」と机に突っ伏してしまうのですから。これまで何人もの家庭教師が逃げ出してしまったのもうなずけます。

なだめながら、国語の教科書を開いて音読してもらうことにしたのですが、正直、参りました。漢字が読めない、ひらがなも読み違える。とても内容を読み取るどころではありません。

仕方がないので、私がまず声に出して読み、それを真似してもらうことにしました。それでも、何度も突っ掛かり、同じところでしくじるのです。「耳」ができていないからです。しまいには、部屋にあったプロ野球チームのメガフォンを彼の耳に当てて音読させたりもしました。

この方法でなんとか十行読めるようにするのに二時間近くもかかり、彼はもちろんのこと、私自身がヘトヘトになってしまいました。

ところが、数日後に再訪すると、また元の木阿弥。まったく読めなくなっているのです。気を取り直して最初からやり直し。さすがに二度目は初回の半分くらいの時間で読めるようになりましたが、その先へ進もうとすると、まったく読めません。

そんな調子で、一段落ずつ、読み進めてはまた振り出しに戻る、を繰り返すのですから、多少は進歩するものの、とてもラチがあきません。

そのような折、国語の授業で古文に入り、当てられて読まされたがまったく読めず、叱られて次の授業までに読めるようにしてくるよう言われた、と悲壮な顔で泣きついてきたことがありました。

その古文の文章というのは、吉田兼好の『徒然草』のことでした。しかし、意外なことに、これが問題解決の糸口になったのです。

究極のメソッド発見への道

ともかく、嫌がる彼を机から引っぱがして、また音読を始めました。いつも通り、私が音読したあとをついて読んでもらいます。最初は「つれづれなるままに」と一句ずつ、それから段落へとだんだん長くしていき、どうやら全文覚えたところで、その日は終えました。

ところが、次の日に行ってみると、まったくできなくなっているのです。仕方なく、また同じことを繰り返し、また同じ結果に翌日落胆することになる。クラスで暗唱する日が迫っていましたし、私もやけくそになりました。

「もう意味なんてどうでもいいから、まずは一音一音区切って読めればいいよ。でかい声で練習しよう」と、いっしょに声を合わせて一字ずつ「つ・れ・づ・れ・な・る・ま・ま・に」とゆっくり、バカでかい声を張り上げたのです。

二、三度繰り返して息が切れたら、少し休んで少しテンポを速くして同じ大声で復唱し、普通の速さまでできたら次へ進む、という具合に約一時間かけました。なんだか体力勝負。自分が、国語ではなくて体育の教師にでもなったような気分でした。

このとき気づいたことがあります。

「古文」は、現代文と違って行間にゆとりがあり、やや大きな字で書いてあります。しかも、教科書に取り上げられるのはほんの一部分ですから、文章量も少ない。一音一音切って読むには都合のよい教材だということです。

ちなみに、この練習のあいだ、猛烈な「誉めまくり」作戦も実施しました。

「今のところ、君は読むのは下手だけど、声がいいねぇ。この声に惹かれる女の子もいるんじゃないかな。どうせならもっと大きなボリュームで、君の本当の声を聞かせてよ」

この「誉めまくり」、教育の現場でよく推奨されますが、これまでの私の経験からいっても、指導に絶大な効果を上げてくれます。最低で最上の手段。特に子どもはそうですが、誉められなくては誰も先へ進もうという気にはならないでしょう。これは、指導する立場にある人間としては当たり前の、技術以前の「技術」なのです。

このようにして、何とか一人で読める状態にまでもっていくことができました。一音一音はっきり読めて、間違いさえしなければ、それで上等。

やけくそから生まれた魔法の「逆転技」

結果はどうだったか?

何と大成功。「一番よくできたと誉められた」と言うのです。

おまけに「僕は勉強に向いていない」と机に突っ伏していた彼が大変身、「先生、今日も音読やろうよ」と目を輝かして意欲的になっているではないですか。

勉強で誉められたことなどなかった彼が、クラスのみんなの前で誉められたことに気をよくしたのでしょう。それからも一音一音切る方法で古文の音読を続けることができました。誉められることの効果は、これほど大きいのです。指導が楽になって私にもありがたいことでした。

古文が終わると、国語の授業は随筆に移りました。現代文です。それも同じように音読してみることにしました。するとどういうわけでしょう。上手に読めるようになっているのです。

間違えないというわけではありませんが、何しろ、五字程度すら、並ぶ文字を連続して読むことができなかったことを思えば見違えるようです。

さらに驚いたのは、社会の教科書を読ませても格段に進歩していたことです。まだ下手ではあるものの、何とか意味がとれるような読み方ができています。これなら、希望が持てます。

実際、その後、まず国語、それから英語、数学、と少しずつ成績が上がって、高校進学後も順調に成績が伸び続けました。そして、何と大学は彼の第一希望、明治大学理工学部に合格してしまったのです。

これに驚いたのは、本人や家族ばかりではありません。ビリから二番目だった時代の彼を知る中学時代の友人たちは、有名私立大学に合格したことを誰も信じてくれなかったそうです。

その大学も無事に卒業し、コンピューター関連の会社に就職、結婚。今では彼も五十前のパパになっているはずです。

『徒然草』の音読との出合いが、彼の人生の大転換点となったわけですが、これは私にとっても衝撃的な経験でした。

なぜ、古文の音読が現代文の理解に影響するのか

それからも私は、自分の授業で何度もこの方法を試してみました。つまり、まず『徒然草』の一音一音読みを指導するわけです。やはり驚くほど効果が上がりました。ほぼどんな子どもも飛躍的に国語ができるようになって、他の教科も順調に成績が上がるのです。

でも、なぜこの方法がそれほど効果的なのか、メカニズムはわからないままでした。

「人間というのは、意味内容で覚えようとするよりも、リズムで感じ取るほうが覚えが早くなるのだろう」と勝手に推量していました。

それにしても、現代文の音読をしても他の現代文が読めるようにはならないのに、どうして『徒然草』の音読をすると、初めての現代文が読めるようになるのでしょう？

その後の経験で、『徒然草』や『奥の細道』の音読をすると、現代文は読めるようになりますが、『枕草子』や『源氏物語』は読めるようにならないこともわかりました。

そのうち、小学校四年生の女の子の指導を受け持つことになりました。

まだ小学生なので、さすがに『徒然草』からスタートすることに抵抗を感じ、どうしたらよいものか途方に暮れました。ふと、「かぐや姫」ならいいのではないかと思いつき、『竹取物語』をテキストに選んだのです。もちろん、読み方は、馬鹿の一つ覚えの一音一音法です。

思った通り、少しずつ効果が上がったので、他の作品にも手を広げたくなりました。そこで、どうせ中学でやることになるのだから、と、次は『枕草子』の音読に入ったのです。

驚きました。初読なのに上手に読めるのです。

読んだのは『枕草子』の冒頭、例の「春は、曙、やうやう白くなりゆく、山ぎはすこしあかりて……」という部分です。

「何が書いてあるかわかるの？」と聞くと、「だいたいは。春は曙がよくて、夏は雨が降るのがよくて、秋は夕暮れがいいというのでしょう？　冬のつとめてはよくわからないけれど」と言うのです。

どちらかというと、この子はそれほど勉強ができるほうではありませんでした。それなのに、初めて向き合った『枕草子』をスラスラと読み、当たり前のように意味もわかるというので驚いてしまったのです。

改めて、この音読法の威力が確認できたように思いました。同時に、一つの疑問に突き当たることにもなりました。

それは、『徒然草』を読んでも『枕草子』が楽に読めるようにはならないのに、『竹取物語』を読むと『枕草子』がわかるようになるのは、どうしてなのか？という疑問です。

このとき私は、日本語学習法において極めて根幹的な部分に突き当たっていたのです。驚くような「当たり前の事実」の発見前夜でもありました。

ひらめいた！「川上・川下」理論

この疑問に突き当たることでひらめいて、私は次のような仮説を立ててみました。ある同一の言語において、古い時代に使われていた「音」を習得すると、そのあとの時代の言葉の習得が楽になるのではないか？

私たちが現在使っている言葉は、生き物ですから、日々変化しています。ですが、それは間違いなく、それまでに使われてきた言葉の延長線上での変化です。日本語ではことに「助詞」「助動詞」の用法に、その変化の様子が顕著に見られるように思います。

文学作品に残る書き言葉でも、奈良・平安時代の公家言葉、鎌倉・室町時代の武士言葉、江戸時代の町人言葉、明治時代の書生言葉など、さまざまな変遷を経て今日に至っています。現代文から前の時代に遡って学習するのは、川の流れを逆流するようなものなのではないでしょうか。

流れに逆らって川上に向かうのは困難ですが、川上から川下に向かうのは、流れに任せていればいいので楽です。つまり、楽に言語を習得するのに重要なのは、まず選ぶテキストの「順序」なのでは……と気づくことができたのです。**現代文より、古文から学**

習を始めたほうが、その後が楽、ということです。

考えてみれば、先人たちは、当たり前のようにこの方法で学習をしてきました。学問の場で使用されるテキストは、同時代の作品ではなく、常に先行する時代の作品だったのです。

例えば、江戸時代の寺子屋では『徒然草』が盛んに朗読されていたようです（もちろんもっと古い作品も読まれていました）。そして、その『徒然草』の作者・吉田兼好自身は『源氏物語』『枕草子』『平家物語』などをテキストにして勉強していたのです。『源氏物語』『枕草子』の作者たちは、『古今集』『竹取物語』を教材にしていました。『古今集』『竹取物語』以前は、『万葉集』。では、さらにその前の時代は？

この考え方を突き詰めていくと、日本最古の作品から学習を始めれば、その後のすべての時代の作品が楽に読めるようになるという道理に到達します。

それはともかく、生徒たちの指導を通じて試してみた結果、『古今集』の音読練習をしておくと、『源氏物語』『枕草子』の音読や理解が楽にできるようになることも簡単に確認できました。このようにして、自分の立てた仮説が、実際的な法則であることを確信するようになりました。

ヨーロッパの人たちだって、じつは同じことをしています。いまだに彼らがラテン語やギリシャ語を学ぶのは、古い文献を読み解くのに必要というだけでなく、現代の言語の基になっている言語を学習することで、今使っている言語を客観視でき、よりよく了解できるようになるからに違いありません。その意味で、古典はわれわれの「鏡」なのです。

ミステリアスな古代の文献「カタカムナ」との出合い

偶然と幸運は重なるものです。というよりこの世界では、純粋な好奇心に基づく「旅」をしていれば、必ず「啓示」が与えられるようになっているのでしょうか。

偶然知り合ったある人から、私は「カタカムナ」という文献の存在を知らされました。その知人によると、カタカムナは超古代語で、起源は紀元前五〇〇〇年以前に遡るというのです。呆れていた私に、知人はカタカムナの朗読を依頼してきました。

「カタカムナは、すでに音はわかっている。ところが、声に出して読んでみても、さっぱり意味がつかめない。音読の専門家であるあなたに、一度音読をしてみていただきたい」というのです。

私はさっそく、その文献の一部を一音一音法で音読してみました。すると、相手は飛び上がってしまいました。

「何だ、これは！　何となく意味がわかるような気がするぞ」

私もそう感じました。直感的に、意味がわかるような気がするだけでなく、懐かしいような感じがするのです。美しさすら感じました。

さらに彼の説明を聞いて、もっと驚きました。このカタカムナ語は、一音一音に意味があり、もともと日本語は、一音一音に抽象的な意味を持つ言語だったらしいというのです。

にわかには信じられなかったものの、大変興味深い話でした。

カタカムナに出合ってから、それまでの『徒然草』の代わりに、カタカムナをテキストにして音読の練習を始めることにしてみました。すると、生徒はみな『万葉集』もよく了解するようになったのです。

私の仮説が正しければ、カタカムナは『万葉集』の時代に先行する作品・言語ということになります。どうやら、知人の説明は正しかったようだと私は思いました。

カタカムナの音読の導入後、生徒たちの国語力の伸びがさらに大きくなりました。進学校に通うような生徒だと、古文の予習に当てる時間が、トータルで一学期間にたった三時間で済んでしまうのです。

それもそのはず、一度、音読すれば、大意はつかめてしまうのですから、あとは授業中の説明を書き込んでおくだけでやすやすと高得点が取れてしまいます。しかも、彼らは古文を現代語に訳すことなく了解するのです。訳すと、かえって細かいニュアンスがわからなくなるといいます。

カタカムナとは何なのか？

なぜ、カタカムナなのか？　カタカムナとは何なのか？

どうしても知りたくなって、自分なりに調べてみました。カタカムナというのは、楢《なら》崎《さき》皐《さ》月《つき》という天才的科学者によって昭和二十年代に発見され、解読された超古代の文献です。縄文時代以前に日本に存在したとされる、高度な文明の実在を示す書物といわれています。

内容は、すべてカタカムナ文字によって詩歌の形式（全八十首）で書かれており、歴史書ではなく科学書だそうです。解読した楢崎皐月氏は、古代日本人が直感した宇宙の成り立ちや特徴、物質の構造や生命の本質、関連して「農業や製鉄技法」「病気の治療法」「人間の考え方」「商人道の心構え」までを説く「哲科学」の書、と解説していたようです。

このカタカムナ研究は、楢崎皐月氏の弟子・宇野多美恵氏（二〇〇六年没）に引き継がれ、「相似象学会」という会が研究活動を続けてきました。カタカムナは、神道の祭祀を司る一団が伝承してきた文献ではありますが、「宗教」ではなく、あくまで「古代民族の直観」に基づく「物理」を表したコトバです。この会の目的も、カタカムナを研究するところにありました。

私は、宇野多美恵先生に直接お会いする機会を得て、先生が知性と感受性を体現された「美しい存在者」であることを確認することができました。

しかし、私はカタカムナの八十首の「ウタ」のうち、中心となるいくつかの「ウタ」しかまだ音読できていませんし、理科系は得意ではないので、簡単にカタカムナのことは説明しきれません。興味を持たれた方は、ご自分で研究してみてください。

ともかく、カタカムナを知ると日本語力が著しく増大することは明らかです。『万葉集』をスラスラ読むことができるようになってしまいます。少なくとも、わかったような手応えを得ることはできます。

それにしても、なぜ、カタカムナを音読してその「音」を知ると、日本語力が飛躍的に向上するのでしょうか。「アタマがよくなった」「スッキリした」と口にする人も多い。

これについて、私は次のように考察してみました。

例えば、品種改良などでよくあることだそうですが、より収穫量の多い品種を開発するためにある作物の交配を限りなく重ねていくと、あるところで病害虫に極度に弱い、役に立たない種ができてしまうといいます。すると、科学者たちはチベットの山奥などにその作物の原種を探しに行き、発見すると弱った種と交配させ、収穫量がより大きく同時に強い品種を生み出す、そういう逆転技があるそうです。

同じような現象が言語でも起きるのではないでしょうか。社会の目的に合うように一つの方向性が追求されるうち、いつしか本来の伝達力を失った「弱い」言語になってしまうのです。

しかし、その言語の原種を見つけてその「音」を入れてやると、新たな伝達力のある強い言語として再生する、そのような作用が起こるのかもしれない、と私は考えています。

第2章

「魔法の音読法」のポイント

どんなテキストを音読するべきか？

ヒフミヨイ　マワリテメグル　ムナヤコト
アウノスベシレ　カタチサキ　ソラニモロケセ
ユヱヌオヲ　ハエツヰネホン　カタカムナ

声に出して読むだけで、神々しいような霊気を感じる人もいると思いますが、宗教性はありません。

私がカタカムナのこの「ヒフミヨイの歌」を最初のテキストとして使っているのは、使ってみたら、音読テキストとして非常に優れていたからです。まず、

①コンパクトで短い

②歌なので心地よいリズムがある

③意味がはっきりとはとれない

こうした要素が、音読にはぴったりなのです。

音読の要諦は、ただ一音一音切って読むところにあります。意味がわかるような気はするけれどさっぱりわからない、というところがこのテキストの魅力。意味がわからないほうが、邪念が入らなくて最初の発音練習にはよいのです。

しかも、最後の「カタカムナ」の前までに、日本語の四十八の基底音がちょうど一回ずつ出てくるようになっています。

この歌以上に、日本語古典の把握力を高めてくれるテキストはないのではないでしょうか。いまのところ、最初に取り組むには最高の教材と私は思っています。

実際、何人もの生徒たちに教えてみた効果はすばらしく、その結果から考えても、これは確かに日本語の「原種」の一つであるように思われます。

そもそも、「ひふみよい……むなやこと……」というのは、つい最近まで誰もが歌で馴染んでいた文句ではありませんか。女の子たちが、お手玉や鞠《まり》つきをするときに歌う数え歌として。

ひと昔前までは、遊びの形に潜ませて、すべての日本人に伝えられてきたコトバだったのです。

もともとは、かなりゆっくり読むものだったと考えられます。声に高低や抑揚をつけずに、ただ一音一音淡々と切って読むのがポイント。意味の把握はまったく無視して、発音練習だと割り切って構いません。

テキスト選びのコツ

最初にトライするテキストは古い時代の作品ほどよい、そこから順に、新しい時代の作品へと読み進むのがよい、というのは私の経験から得た持論ですが、そこに固執する必要もありません。

まずは、**短い作品の中から興味が持てそうなものを探すのがよい**のではないでしょうか。いくつか読むうちに、自分の好みの傾向がわかってきます。

短い作品がなくなったら、長い作品に取りかかってください。長いからといって恐れることはありません。なぜなら、最初から最後まで全編を通して読む必要はないからです。気に入った箇所だけ、声に出して読めばよいのです。

『源氏物語』なら、最初の帖「桐壺」は読んでいただきたい。あとは第五帖「若紫」や、第二十一帖「乙女」などが読みやすいと思います。

『平家物語』は合戦の場面が面白いのです。巻九の宇治川先陣の段や、ひよどり越え坂落としの段などはお勧めです。『南総里見八犬伝』は超大作ですから長いのですが、伏姫の山籠りの前後がこの物語の圧巻部分です。一度読んでおくとよいと思います。

くれぐれも、**全部読まなくてはならないというプレッシャーを持たないように**してください。一部分だけ読めばいいのだ、と気楽に作品を選ぶのがコツです。

基本的に、名文とされている古典を選ぶのがいいのは、一音一音読みにして耐えるだけの質の高い日本語で書かれているからです。一音一音区切って声に出したときに、意味が乗って（浮かび上がって）くるのがいい日本語なのです。

古典として今に残っている作品は、そういうものばかり。音とリズムと意味がブレずにスーッと読み手に届くように書かれています。音読が好きで、音読に親しんだ書き手が書いた作品でなければ、そういうリズムにはならないのではないでしょうか。「音」に無頓着に書いている現代作家の文章は、百年も残らないと思います。

さて、私が小学校の教師だったら、どうするでしょう？

カタカムナはまだ一般の認知度が低いので、特別な機会に教えるようにするかもしれません。小学校一年の冒頭から必ず取り入れるのは『古今集』仮名序。他の学年でも仮名序の音読は必須です。

国語の授業の半分以上は音読に当て、自分で読んで調子のよい作品をどんどん取り入れます。古典落語などもよいでしょう。

しかし、教育の現場では、どの教師もカリキュラムにがんじがらめにされていますから、テキストを自由に選ぶ余裕もなかなかありません。

各家庭で、親がいっしょになって子どもと音読法に取り組むのが理想だと思います。

実際、**子どもの勉強の出来不出来に最も影響が大きいのは、親が普段使う言語**なのです。繊細に言葉を使う気持ちのない親の子どもは、なかなか勉強ができるようになりません。そこで私は、親子でいっしょに音読の練習をすることを提案しています。

親御さんには、まず、『古今集』の仮名序（94ページ参照）を音読することをお勧めしています。最初から「いずれかうたをよまざりける」まで、七、八行分くらいを、古典という観念を捨て、一音一音切って、大きな声で、意味をわかったうえで読むのです。

そうして、音とリズム、意味の乗り方を確認し、体で覚える。仮名序は、和歌を含め、それ以降のすべての文章の手本になっている原点のような作品ですから、これをやっておくと、子どもに読み聞かせる絵本を選ぶのにも役に立ちます。自分で一音一音切って読んでみて、それが仮名序の音とブレないかどうかを、絵本を選ぶ際の判断基準にすればよいのです。

語学の天才・考古学者シュリーマンも音読

究極のメソッド発見、と言いながら、実は私が破れかぶれで編み出した音読法は、これまで「誰も思いつかなかったような」新しい方法ではありません。ことに、大きな声を出すというのは、私のオリジナルでも何でもなく、昔からある古典的な勉強法です。その分、歴史的にも効果が確認されてきた確かな方法といえます。

ドイツの考古学者ハインリッヒ・シュリーマンをご存知でしょうか。

ギリシア古代古典の『イリアス』や『オデュッセイア』に登場する伝説の都市トロイアが実在したと信じ、見事、その遺跡を掘り当てて実在を証明した人物です。

実はこのシュリーマン、大変な語学の天才でもありました。四十歳になるまでに、何と二十ヵ国以上の言語を習得していたといわれています。しかも、仕事の傍ら、驚くべきスピードで、一つの言語を自由に使いこなせるまでマスターしていったというのです。

それぞれの言語をたった数ヵ月の学習でマスターしていたシュリーマンは、その著書『古代への情熱』（岩波文庫他）の中で、次のようなことを述べています。

「私はその時の緊迫した境遇から、あらゆる言語の習得を容易にする一方法を発見した。それは先ず、習得しようとする言語の名文を、毎日訳すことなく大声で非常に多く音読することである。そしてそれを暗唱してしまうことだ。……私はこのような方法を全ての人にお勧めする」

どうでしょう？　私が破れかぶれで偶然に編み出した、と思っていた勉強法は、二百年も前にシュリーマンが言語を習得するために発見していた方法とほぼ同じだったのです。

シュリーマンは、この音読法のために、何度もアパートを引っ越さなければならない羽目に陥ったようです。というのも、記憶には深夜が最適だといって、真夜中でも構わず練習したからです。しかも、彼の声は一階から四階まで響いていたといいます。どうも、それほど大きな声で練習する必要があったらしい。「訳すことなく」、つまり文意を考えずに音にのみ集中することにも意味があったに違いありません。

ともかく、シュリーマンの勧めに従えば、もし**私たち日本人が日本語を上達させたければ、日本語の古典的名文を繰り返し大声で音読すればよい**、ということになります。そのテキストに使う古典の名文は、なるべく時代の古いものから始めるのがよいことは、先にお伝えした通りです。

これに付け加えて、日本語の場合、「大声で音読」にもちょっとした「基本ルール」のようなものがあるのです。それは、一音一音切って読む、ということ。

日本語はそもそも、一音一音切って読む言葉だったのですから。

能の子方、衝撃の一音一音読み

偶然に編み出した音読法をたくさんの生徒に試した結果、一音一音読みが有効なことは圧倒的に明らかでした。でも、それから何年間も、なぜ有効なのかはわからぬまま私は指導を続けていました。

　そのような折、私は水道橋の宝生能楽堂に赴きました。もともと能楽が好きで、機会あるごとに能楽堂に足を運んでいたのです。身振りの大きく感じられる「観世」より、小振りで上品な感じの「宝生」が好みです。

　その日の曲目は『船弁慶』。子方が義経役を演じていました。私は、それまで子方が台詞を言うのを聞いたことがありませんでした。これを聞いて、私はぶっ飛びました。マンガでいえば、能楽堂の天井にしこたま頭をぶつけたような感じです。

　子方は、幼い可愛らしい声でこう言ったのです。

「そ・の・と・き・よ・し・つ・ね・す・こ・し・も・さ・わ・が・ず」

　何と、一音一音読みです。しかも、現代語を聞くように意味もよくわかります。

　日本の**古典芸能の代表である能の家では、後継ぎの子どもに、一音一音読みで台詞を教えていた**のです。私は、自分が何か大切なことをつかみかけている気がして、頭の中がグルグルしました。もはや能鑑賞どころではありません。

　まっすぐ家に帰ると、それまで持っているだけで開きもしなかった『謡曲集』を引っ張り出して、片っ端から音読してみました。もちろん一音一音読みです。

ああ、何と美しい。

古典芸能の謡曲は、完全に一音一音によるものではないか。狂ったように音読すると、今度は、能の始祖・世阿弥の『風姿花伝』を引っ張り出して大声で音読してみました。もちろん一音一音読み。

ああ、何とこれも美しい。

しかも、一音一音で書かれてあります。

そのとき、私は思いました。ひょっとすると、日本語は一音一音読みをするのが本当なのではないか？

おまけに狂ったように音読した、その『風姿花伝』の冒頭に書いてあったことがまたすごかった。

「子どもにものを教えるには、強制してはならない。自然とし始めるのを待って思いのままにさせるようにしなければならない。間違っても高級な大人の芸の真似事をさせてはならない。そんなことをすれば一番大切なものが死んでしまう」

つまり、「しばらく子どもに手本を聞かせて、子どもが自分から覚えて自然にやり始めるのを待つことが大切、強制は禁物だ」というのです。

音読法、そして国語指導の基本姿勢は、まさにこの言葉通りではありませんか。国語指導においては、まず大人が手本を見せて行うこと、それこそが最も大切なことなのだ。これが、長年、国語教育の仕事に従事してきた私の実感でした。

それにしても、文化から発せられるメッセージは何と深遠なことでしょう。文化とは、その社会集団が編み出した「DNA」のようなものではないでしょうか。

宮中歌会始めでも一音一音読み

私はテレビというものを所有していないので、普段はテレビを見ないのですが、ある正月、実家に帰って茶の間でぼんやりテレビを見ていたら、「宮中歌会始め」を中継していました。

ご存知の方も多いと思いますが、その年のお題に従った詠進歌が天皇皇后両陛下の御前で披講され、天皇陛下の御製、皇后陛下の御歌も講ぜられる、歴史ある宮中の儀式の一つです。

さて、ここでは当然のこととして、居並ぶ大勢の人々全員に聞こえるように歌が詠まれなければなりません。いにしえにはマイクなどありません。どうすれば、広い場所で多くの人に歌の意味が伝わるように詠めるのでしょう？

もはや驚くことではありませんが、それは「一音一音法」なのでした。できるだけ大きな声で一音一音切って詠む――これ以上に意味も音もよく伝わる方法はないのです。

この歌会では、一音一音を切るだけでなく、長く伸ばす読み方で詠まれるので、「五・七・五・七・七」、三十一文字一首について、ふつうなら十秒程度で詠めるところが一分以上かかるのです。それだけ言葉が大切に扱われ、一つひとつの重みが大きく豊かになる印象です。**日本語は、一音一音にも意味がある**と改めて感じさせられるのです。

試しに日本語の一音に「る」をつけてみてください。ある、いる、うる、える、おる、かる、きる、くる、ける、こる、さる、しる、する……。ラ行以外は、「る」をつけるとすべて意味が成り立ちます。ということは、もともと、一音一音に抽象的な思念があるということです。「ち」とか、「め」とか、一音だけで意味があるものもあります。

このような日本語の母体は南方系だったとも言われていますが、その一音一音性の言語が、和歌のかたちで残って日本語の特色になっているわけです。そのことは、和歌のあり方が示しています。和歌は明らかに、一音一音切って読むようにできていますから。『古今集』の仮名序がすでにそうなっています。

「や・ま・と・う・た・は　ひ・と・の・こ・こ・ろ・を・た・ね・と・し・て　よ・ろ・づ・の・こ・と・の・は・と・ぞ・な・れ・り・け・る」

このリズム、意味の乗り方が一種の手本のようです。一音一音に意味が込められている日本語の表現のかたちがここで決定された、といえるのではないでしょうか。

英語やフランス語のソネット、漢詩の朗詠には、イントネーションや脚韻が不可決な要素だったでしょうが、日本語の音を伝える詩＝和歌には、強調の係助詞があるくらいです。肝要なのは、一音一音、大切に詠むこと。和歌を一音一音切って詠んでみると、驚くほど意味がよく伝わります。

み・わ・た・せ・ば　は・な・も・も・み・じ・も　な・か・り・け・り
う・ら・の・と・ま・や・の　あ・き・の・ゆ・ふ・ぐ・れ

藤原定家（『新古今和歌集』より）

一音一音読みだと、全部を強く読むわけではないので、自ずと、係助詞と強調の副助詞を強く読むことになるのもポイントです。「よ・ろ・づ・の・こ・と・の・は・と・**ぞ**・な・れ・り・け・る」というように。

「のに」「だに」「すら」といった強意の副助詞というのは、強く読まないと意味が通じませんし、「なん」「ぞ」「か」など、強意の副助詞の一種である係助詞を強く読まなかったら、語尾が呼応しません。例えば、「えはばからせたまわず」などは、「え」を強く読むから、「ず」が導かれるのです。

現代語でも、「そんなことを言うのは、君だけだ」と強調します。ところが、学校では、係助詞や強調の副助詞を強く読むという、大事なことを教えないのです。生徒たちには、この文法を体得する機会が与えられていないのです。

一音一音読みをすることで、頭で覚えなくても、体にこのルールがいつの間にか染み込んでいきます。そのために、古典を現代語に訳さなくても、そのまま理解できるようになるのでしょう。

四十八音の秘密

日本語は、世界的に見て、最も音の種類が少ない言語の一つです。

言語学の中で発音を研究する分野を音声学と呼んでいますが、その音声学によると、日本語で音と言っているものは実は音節のことだそうです。

その音節が、日本語では驚くほど少なく、五十種類足らず。ちなみに、英語は三万以上、中国語でも四百以上種類があるとか。

もとはもっとたくさんあったようですが、平安時代中期くらいまでに、現在の四十八音に淘汰されたと考えられています。

各音は、子音＋母音の形で一単位となっていて、母音は五種類しかなく、どれも後ろに開放されています。つまり、どの音も引き伸ばせば五つの母音のどれかになってしまいます。子音は九種類あっていずれも母音の前にしかつきません。

したがって、日本語には、母音だけの音節が五種類、子音つきの母音が五の九倍で四十五種類、せいぜい五十種類しか音節がないということになります。

だから、音節には必ず母音が入っていて、子音はついていてもいなくてもよいのです。

要するに、日本語の特質は、世界で稀に見るほど音節が少なく、そのすべてに母音がついているところにあるのではないでしょうか。

母音には、息の続く限り引き伸ばせるという特徴があります。

日本人は、音節を発しながら、要所要所で母音を微妙に伸ばしたり音程を変化させたりして、言葉に感情を乗せているのです。

能楽の謡曲や歌会始めの一音一音読みも、こうした日本語の性質から自然に発生してきた表現形態に違いありません。

一音一音を長く伸ばして抑揚をつける「唸《うな》り」は、昔から霊を呼ぶと考えられてきました。神事では「唸り」が巫者の託宣になり、仏事ではお経の唱え方に応用されて声明《しょうみょう》が生まれました。

それが音楽的に発展したのが謡《うた》いで、日本のあらゆる芸能の基礎となりました。謡曲はその代表ですが、民謡や演歌のコブシもルーツは同じでしょう。

一音一音を切るだけで伸ばさない方法もあります。流れの中で速さと音程の変化をつけるのです。こちらの方法は、浄瑠璃、講談、浪花節など、「語りもの」という芸能ジャンルに発展したのではないでしょうか。

昔からあった音読カルチャー

大きな声で、一音一音切って音読する方法が日本語の習得に効果的であることは、日本に昔から「音読カルチャー」があったことからも証明されるのではないでしょうか。

「読み・書き・読み・書き・そろばんを中心に教えていた江戸時代の寺子屋で、そろばん」といえばまず音読でした。論語など呪文を唱えるように暗唱させられる様子が、よくドラマなどでも描かれます。先にも触れたように『百人一首』『徒然草』『平家物語』といった先行する時代の文学作品も、朗読することで頭に叩き込んでいたのです。

『徒然草』の作者・吉田兼好も、大の音読好きだったのではないでしょうか。高名な歌人ですから和歌の朗詠はお手の物だったでしょうし、吉田神社の神職の家柄ですから祝詞《のりと》にも親しんでいたことでしょう。仏門に入り、お経も唱えていたはずです。

それに兼好が影響を受けた『源氏物語』や『枕草子』、『平家物語』は、もともと音読されることで広く読まれてきた文学作品です。

このような、文化としての音が背後にある環境で書かれた作品には、意識せずとも、それがリズムに出てくるのです。独特の散文の音があります。それをさらに多くの人が声に出して読んできた文献であるからこそ、日本語の習得に有効なテキストと言えるのです。

『平家物語』はまた、まさに音読されるために作られた作品です。京の都より東にも、源平の合戦に参加した武士が多くいたわけですが、帰ってこない人間もいたはずです。西のほうでいったい何が起こっているのか、お金を払ってでも知りたいと思っているところへ、旅の僧がやってきて、戦いの様子を解説してくれるのです。しかも、琵琶の伴奏という音までついています。これはもう完全に興行の形態です。

知りたいと思われている情報が、お布施を受けながら移動する僧によって全国隅々に京都の言葉で広められたというのは、画期的なことでした。全国で、共通語として京都の言葉が共有され、ニュースとして歴史的事実が物語性を帯びて共有されることになったのですから。

『平家物語』以降、日本語の表現も現代文とあまり変わらないと思います。

「与一、かぶらを取ってつがい、よっぴいてひゃうと放つ。小兵といふぢゃう、十二束三伏《みつぶせ》、弓は強し、かぶらは浦響くほどに長鳴りして、あやまたず扇の要ぎは一寸ばかりおいて、ひぃふつとぞ射切ったる。かぶらは海へ入りければ、扇は空へぞ上がりける。

春風に一《ひと》もみ二《ふた》もみもまれて、海へさっとぞ散ったりける。みな紅の扇の夕日のかがやくに、白波の上に漂ひ、浮きぬ沈みぬ揺られけるを、沖には平家、ふなばたをたたいて感じたり、陸《くが》には源氏、えびらをたたいてどよめきけり」

どうしてこんなに、と驚くほど上手い文章です。それが、能の謡曲など後続の文学に取り込まれ、影響を及ぼすのです。

『平家物語』が、教室でも本来の読み方をされていれば、生徒たちはどれほどワクワクさせられ、苦労せずして内容を吸収することができるだろうかと思います。

寺子屋の指導方法は、古くからお寺の小僧さんの教育がそうした文献を朗読する形式で行われていた流れを汲んでいるのでしょう。それは近代になっても受け継がれ、戦前の小学校の読本も、声をあげて一音一音切って読まれていたようです。

古来、日本人は、虫の声のような自然環境音ですら、意味的把握機能の強い左脳で受け取ってきました。これは世界の民族の中でも極めて稀なことだといわれています。角田忠信博士の脳の研究で有名になりましたが、日本人は右脳で聞くはずの母音も論理的思考をつかさどる左脳で聞くそうで、右脳と左脳の使い方が他の人種と違うことがわかっています。

英語で「ア」とか「イ」などと言っても、意味のないただの音ですが、日本語ではあとに「る」をつけて試すとわかるように、母音一音でも意味があります。だから左脳で聞くのでしょう。それは、日本の繊細な風土・自然環境に育まれてきた独特の感受性なのだと思います。

そのおかげで同時に、「こころ」の母体、感性やイメージをつかさどる右脳が、自由でとらわれないものになったと考えられます。『万葉集』の和歌にはそれがよく表れています。

そもそも、日本語は「直感性」の強い言語であったといえます。

ところが学校教育の現場で、幼い頃から文章中の細い意味の把握などを強要され過ぎると、本来備わっていた言語的直感力が伸びずに失われていくのだと思います。

意味の把握にこだわり過ぎて機能の低下した左脳型の近代日本語を、本来の直感型の日本語にもどすことを私は提案したいのです。

そのために、音の高低も抑揚もつけずに、淡々と一音一音切って大声で大切に古典を読むという練習方法を提唱しているのです。

ともかく大声で、一音一音ていねいに

私の提唱するこの音読法では、とりあえず「読める」ということが大事なので、**意味や文法はどうでもいいのです**。正確な語義を知らなくても、私たちは平気で新聞を読んで大意をつかみとってしまいますが、それと同じことです。

気になる箇所があったら、あとで辞書を引けばいいのです。辞書は逃げません。ともかく大きな声で、一音一音ていねいにゆっくり発声します。一つのテキストをこの方法で繰り返し練習し、ゆっくり読めるようになったら、仕上げに入ります。正しい発声のままに、読む速さをだんだん上げていくのです。

そうして暗唱するほどになると、意味も自然とわかるようになって、感情を乗せることもできるようになります。気になる箇所を辞書で調べるのはこの段階でよいのです。

口の形を決めるのもポイントです。

この音読法を私の指導で実際に試してみた人には「こんなに大きな声でやるなんて想像もしなかった」とよく驚かれます。

そうです。この音読は、初めのうちは最大限の音量で声を出すのが正しいのです。言葉を習得する前の赤ん坊が精一杯泣き叫んでいる、あの要領です。声を出すというより、叫ぶというほうが近いかもしれません。

あまり大きな声で音読を続けると隣近所に迷惑がかかるという心配もあるでしょう。その場合の対策をお教えいたします。

まず、しばらくは気にせず大きな声で練習します。口の形が決まってきたら、腹の力を抜くのです。すると、声が小さくなります。さらに慣れてきたら、声帯を震わせずに口の形と吐く息だけで練習します。大きな内緒話をする感じです。

大切なのは、口の形をしっかり決めることなのです。私はこの方法を「力の込もった黙読」と呼んでいます。これで苦情はこないでしょう。

もちろん、河原や山の中など、自然を前にして大声で練習できる環境があれば、何も言うことはありません。

第3章

親子で音読すれば効果が倍増、三倍増！

自動的に子どもたちの国語力アップ

私の音読法をある期間徹底して続けていると、古典がスラスラ読めるようになるだけではありません。子どもは学校の授業や人の話がよく聴けるようになり、理解力や知識の吸収力も高まります。

当然のことながら、読書力も大きく伸びます。それまで億劫に感じていたような本も、馬鹿らしいくらい簡単に読めるようになってしまうため、読書に対するハードルが低くなるのです。自然に読書量も増えていきます。加えて、文章を書くということについても抵抗が少なくなります。書くための原動力ともいうべき「エネルギー」が湧いてくるのです。

これはどういうことなのでしょうか？

おそらく、従来の国語教育に欠落していた根本的な要素が、この音読法にあるからでしょう。音読法を通じてそれが補われることで、言葉を使う分野全般に対する根源的な能力が開発されるのです。つまり、**頭であまり考えなくても、直感的に言葉を操ることができるようになってきます。言語に対する感受性のようなものが増してくるのです。**

要するに、国語力がアップしたということです。

「はじめに」で触れたように、「国語力」がアップすれば、自ずと他の科目の成績も上がってきます。

私に教わったことの中で、この音読法が最も大きな収穫だったと生徒の多くが口を揃えるのももっともな話です。彼らは「小学校の低学年でこれを知っていたら、どんなによかったことか」と悔しがります。優秀な生徒も、そうでない生徒も、誰でも実践できて効果が上がるのがこの音読法のよいところですが、やはり、もともと国語力のある生徒の上達は早く、すぐに上手くなります。

もしも、もっと小さい幼児のころに、家庭内で自分の親からこの音読法が伝授されていたとしたら？　これは国語教育の理想的な姿でしょう。この音読法は、**小学校低学年までに始めると最も効果が大きくなる**、と私は確信しています。だからこそ、この音読法に親子で取り組まれることを強くお勧めしているのです。

大人の国語力もアップ

この音読法に取り組むのに「手遅れ」ということはありません。なにしろ、子どもだけでなく、あらゆる人の国語力をあらゆる方面で飛躍的に向上させる魔法の音読法ですから。

早くに取り組めればそれに越したことはありませんが、音読に親しみ続ければ、大人にも変化が起こります。

まず、普段の日常会話でも、意外なほど相手の言葉が聞き取れるようになっていたり、言葉を発するのが妙に楽になっていたりする自分を発見することになります。

また、やや読みづらいと感じていた本も、その書き手の「音」を知ることで、以前よりぐっと楽に読めるようになると思います。

何より、子どもたちと会話をするときの「音」がよくなることで、子どもの国語力を高めるのによい影響を与えます。これはもちろん、絵本などの読み聞かせには大きな効力を発揮するはずです。

大人の国語力をアップさせる最大の意味は、ここにあります。

子どもは、言葉を獲得するはるか前から、親の話す「音」を聴いて脳に蓄積しているのです。その段階で家族がよい言葉を話していれば、自然にその子は国語力が伸びる力を養います。読み聞かせをするほどに成長してからも、**上手な音読ができる親から絵本を読んでもらった子どもは、「国語力」のポテンシャルが断然高くなります。**

上手な音読の秘訣も、やはり一音一音読みにあると思っています。

前章でもふれたように、一音一音読みにしないと、助詞・助動詞がはっきり伝わらないのです。助詞・助動詞というのは、おおむね一音か二音からなっているのですから。

音読の際に一番気を使わなくてはならないのは、助詞なのです。

「僕は」なのか「僕が」なのか、「僕も」なのか「僕だけ」なのか……。

助詞がうまく聞き取れて、使い分けられるようになれば、述部は自然に引っ張られてくるものです。大人のスピードで速く読んだり、名詞ばかりに注意して助詞・助動詞をおろそかにして読んだりすると、子どもはいくつかの意味が連結してできた文章の聞き取りがうまくできなくなってしまいます。

テレビ番組では、早く喋ることが求められますから、アナウンサーなども助詞・助動詞を省略するか、小さな声で発生するため、子どもには名詞と述部しか聞こえないことが多いのです。友だちの日本語レベルもほぼ同じで、家庭でも親から聞かされる日本語のレベルが低いとなると、日常的にテレビから日本語を学ぶようになっている子どもたちには、助詞・助動詞の機能をきちんと学習する機会がないことになります。

これをカバーして、**子どもに国語力をつけさせるためには、親が一音一音切って、読み聞かせをするしかない**のです。これより他によい方法があったら、ぜひ教えてほしいくらいです。子どもが小学校に入ると平仮名を習い始めますが、最初は一音ずつ読むしかありません。それまでに一音一音を大切に発声する習慣がついている子どもは、この最初のハードルを楽にクリアできます。

そうして文字を覚えると、その歓びから子どもは繰り返しテキストを読むようになります。そこで親は、間違っても速く読むことを要求したりしてはいけません。ただ「上手ね」とベタ褒めして、子どもをいい気にさせるのです。するると、まるでハイハイから立ち上がり、伝い歩きから歩けるようになる赤ん坊のように、だんだんとしっかりしてきて、前後をうまく結びつけながら速く読めるようになってきます。

このように、一音一音読みを妨げられなかった子どもは、助詞・助動詞の機能の学習が自然にできているので、文章を読むのに苦痛を感じません。楽しく文字を追うことができるため、やがて積極的に本を自分で読むようになっていくのです。

ただ、この過程でテレビ、ゲームなど他の情報メディアにさらされると、この効果は薄れます。シュタイナー教育では、大人になるまでできるだけテレビを見せないようにするそうですが、じっくり子どもの国語力を醸成するには、有効な手立てだと思います。

私は、**「知能」とは「習慣」のこと**だと思っています。子どもが勉強できないことに腹を立てたり、テストの点数が悪いことを叱りつけたりする親は、子どもができなくなるように習慣づけていることに気がつかないのです。

子どもの学力を少しでも上げたいと思うならば、親のすべきことは、まず、自分自身の国語力を上げることです。

第2部

魔法の音読法

実践編

ここでは皆さまに日本語古典音読法の決定版的方法を伝授します。これを行うと、日本語の能力が飛躍的に伸び、やがて日本語古典を訳さずに読むままに了解し、その結果、現代語で書かれた文章も飛躍的に明快に読めるようになります。この音読法は「最高」であるがゆえに日本語を話すものなら誰でも簡単にできてしまうということをあらかじめお伝えしておきます。

言語を一音一音切って読む。サルにはなぜかできないが、人間なら子どものときから誰でもできる。誰でもできる簡単なメソッドだからこそ、この音読法は優れているのです。

次章からこそが、この本で本当にお伝えしたい唯一のことです。筆者は、これを体得した方のお子さんに幸あることを確信しています。

第4章

音読を始める前に〜準備運動

ハッキリ、しっかり発音する

では、音読指導を始めます。これは、顎と唇と呼気の同時調節訓練です。これは、サルにはどうしてもできない、でも人間の子どもなら全員できるのです。

私の音読法は、一音一音切って、ハッキリと大きな声を出すところに意味があり、それでこそ「効果」が上がるようになっています。

日本語には五十種類の音がありますが、基本の音は母音の五種類ですので、テキストの音読を始める前に、この五音を確認しておくことが欠かせません。

私たちの顎は、歯医者で治療を受けるときや、大きなハンバーガーを頬張ろうとするときなどに最大限に開きます。同時に顎を完全にくっつけたときは「ウ」くらいしか発声できません。では、顎を呼吸のために自然に開ける中間位はどうでしょう。私は、これらの究極の形の中に母音というものの源泉があると考えるのです。

説明が長くなって申し訳ありません。もう一つだけ。私たちは「高等霊長類」であると同時に「哺乳類」であります。哺乳類とは、生後母親の乳を飲んで育つ動物ということですから、本能的にそれができる動物であるということです。その乳を吸うためには、まず唇を緩めて外向きに解放して乳首をくわえられるようにすることが必要です。また、乳を吸い込むためには、唇を内側に向けて硬くすることが必要です。何が言いたいのかと申しますと、哺乳類でもある人間の唇は、硬くて動かない鳥類の嘴《くちばし》とは異なって、内側に向けたり外側に向けたりする機能を持っているということに、ここでもう一度、自覚的になっていただきたいのです。

まず、母音から始めます。ここで日本語の五つの口の形を確定します。

「あ」↓唇を柔らかくして顎を最大限に大きく開き、腹の底から口腔内全体が響くよう

に発声します。まず最大限に口を開こうとして、そのうえで約1・5秒以上口の筋肉が開き切るのを待ちます。そうして口腔内全体を響かせて力強く「あ」と発声するのです。喉だけで発声してはいけません。あくまで口腔内全体を「あ」と響かせることが肝要です。

「い」↓「あ」から、唇を柔らかくしたまま思い切り左右に引っ張るイメージで発声します。顎は中間位です。最初は、まるで子どもが「いー」をするときのように、指で両唇の端を引っ張って発音してみて、その極限の音を体得するのもよいでしょう。とにかく、口の筋肉を横に最大限に引っ張ります。奥歯まで歯全体を見せようとするのです。イーイタイ！の「い！」。

「う」↓「い」から、唇を前にとがらせ、しっかり止めて発声します。顎は完全にくっついている。空気が鼻に抜けて「ん」になることを避けるために、まるでストローのような空気の通り道を意識的に作って、唇がよく響くように発声するのです。唇は強いていえば、硬くする方向性ではありますが、ニュートラルに硬くも柔らかくもないのです。

「え」↓「う」から、唇を硬くしつつ、やや上下に顎を開いて口腔内、舌の上を響かせます。このとき、唇が内向きであることを忘れてはなりません。絶対に「い」のときの横の筋肉を使わないようにするのです。

「お」→「え」からさらに下顎を下げ、唇を内側に向けて口腔内の容積を最大限にして、両頬がよく響くように発声します。「オーイ」と遠くに呼びかけるときのような感じ。ホーホーとフクロウの声をまねる口の形と同じです。

「え」がハッキリしない人が、意外と多いように思います。でも、顎中位、唇やや硬く、左右への筋肉は使わないとなると、ここしかないと認識してください。意識するだけでも違ってきます。母音の口の形が決まってくると、他の音もしっかり発音できるようになってきますので、ウォーミングアップとして、この確認作業をするようにしておくとよいのではないでしょうか。

言うまでもなく、最初はかなり口の筋肉が疲れます。でもその結果、「美人になる」という声もありますので、遠慮なくしっかりやってみてください。声を最大限に出そうとするのが隠れた秘訣ですが、お風呂場などだと声がよく響くので、小さい音でも割とよい感触を得ることができると思います。試してみてはいかがでしょう。

子音の発声法については一つだけ、今ではほとんどその発音をすることがなくなり、表記だけが残っているワ行を練習しておきましょう。
ワ行の音は、いったん唇を「う」のかたちにしてから発声します。

「わ・ワ」↓「うゎ」
「ゐ・ヰ」↓「うぃ」
「う・ウ」↓そのまま
「ゑ・ヱ」↓「うぇ」
「を・ヲ」↓「うぉ」

私は、「い」と「ゐ（うぃ）」、「お」と「を（うぉ）」を明瞭に区別して用いなければ日本語の効果が弱まってしまうと考えています。

カタカムナ読み、一音一音読み、祝詞《のりと》読み

一音一音切って読むのがこの音読法の基本なのですが、その読み方も、カタカムナ読み、一音一音読み、祝詞読み、平読みと、私はいくつか使い分けています。その特徴と違いを解説します。

「カタカムナ読み」というのは、これから行う日本語の原初にあった読み方で、とどのつまり和歌を詠むときの発声の仕方です。これは単純にただ一音一音切るだけです。どの音も同じように強く、そして、歌うかのごとく読みます。

「一音一音読み」は、同じ高さの音でもっと一音一音ぶつ切りに読む読み方です。でも、和歌としての一音一音の強い強調ではなく、できるだけただ平板に一音一音切って読みます。「や・ま・と・う・た・は・ひ・と・の・こ・こ・ろ・を・た・ね・と・し・て」と、ほぼ同音で一音一音切って読むだけですが、ここで、強調の副助詞の「すら」「だに」「さえ」「のみ」のような助詞を意識的に強く読む必要性が出てきます。

係助詞も「よ・ろ・づ・の・こ・と・の・は・と・**ぞ**・な・れ・り・け・る」と読む必要性があるのです。そもそも係助詞は強調の副助詞の一部なのだから、当然そこは強

調的に読む必要があるということをどうして学校では教えないのでしょうか。

みなさん、日常でも「だけ」「のみ」「さえ」「すら」「も」「は」などはやや強く発声するようにしましょう。古文でも、「すら」「だに」「さえ」「え」などの強調の副助詞や副詞、「ぞ」「なむ」「か」「や」「こそ」などの係助詞は強く読むことを忘れずにいてください。

ともあれ、日本語古典はこの一音一音読みで、すべてそのまま読めるようになります。さて、いくら愚直にやると言っても、それを何回も読まなければならないことを仕事にする者には、より発展的な読み方が考案されたと想像できます。

「祝詞読み」は、まさしく神社の宮司さんが、神殿前で「かしこみかしこみまおさー く」とかやっているのと同じ語調で読もうとするもの。この読み方には、一音一音切る読み方をしつつ少し早く読むために、特有の抑揚が現れます。しかし、これこそは多くの人が口にし、また耳にした音なのでこの読み方も重要になってきます。平安古典の多くがこの読み方でそのまま明快に読めるのも事実です。

最後に「平読み」ですが、これは以上の音読法で練習したうえで、ふつうに速くスラスラ読んでみること。そこまでの練習が充分なものであった場合、ほとんどの人や子どもが自分でもあっと驚くほど上手に読めるようになっていることに気づかれると思います。私の教室の子どもたちは、「学校ではわざと少し下手に読む」そうで、そうしないと「注目されてやばい」そうです。

一つのテキストを、カタカムナ読みで間違えずに読めるようになったら、次は一音一音読みで練習し、上手く読めるようになったら、さらに祝詞読みにトライする、というように読み込んでいくのが確実なやり方だと思います。

一音一音音読法では、テキストを暗記しようとする必要はありません（祝詞読みにトライするくらいまで読み込む頃には、自然にかなり暗記してしまいますが）。ただ、最初に取り組む「カタカムナ」は、短いですし、日本語の基本ですから、暗記してしまったほうがいいでしょう。

「カタカムナ」の音読をすると、なぜか日本語が本当によくできるようになります。それはやはりこれが日本語に先行する言語だったからなのではないでしょうか。「カタカムナ読み」など読み方と、発音については、YouTube（ユーチューブ）に著者が解説した動画がアップされています。「親子の古典音読」で検索して下さい。

第5章

必読！　音読テキスト集

※音読テキストの文字の横にある傍点は、係助詞や副助詞など強く読んでほしい音を表しています。

1 カタカムナ――第一首から第七首まで

それではまず『カタカムナ』から。これはその第五首と第六首ですが、連続して用います。

ヒフミヨイ　マワリテメグル　ムナヤコト
アウノスベシレ　カタチサキ　ソラニモロケセ
ユヱヌオヲ　ハエツヰネホン　カタカムナ

この最後にある『カタカムナ』の前までに日本語の基底音の四十八音が一回ずつ出てくるようになっています。つまり、これを完全に発声できるようになれば、日本語の原音がすべて正確に体得されたことになるのです。

もしもお子さんが、お母さんが練習するのを耳にして興味を示したら、何度も歌ってあげましょう。そして、子どもが自然に歌いだすのを待ちかまえましょう。

「ユヱヌオヲ」の「ヱ」と「ヲ」はワ行音で、それぞれ「ウェ」「ウォ」と発音します。同様に次の「ハエツヰネホン」の「ヰ」もワ行音で「ウィ」と発声します。

最初はゆっくりと日本語の四十八音を意識してやってください。それができたら、だんだん歌うように一音一音切って読んでいきます。

口の形と音を確認する練習のためですから、最初のうちは意味がわからなくても、日本語の四十八音がランダムに現れるというだけで充分なのですが、どうしてもその意味が知りたい人のために、例えば筆者が「意訳」をすれば、

「一二三四五、回りて巡る　六七八九十（物事が）合うの術《すべ》を知れ　（その結果の）カタチを裂いて。思念もイメージも同時にモロに消してみよ　（言葉では）言えぬことだから　（すると）そこに生えてくる本物がカタカムナなのさ」

といったところでしょうか。**どうですか。最近カタカムナに興味を持つ人が多いのでいくつか紹介しましょう。**

第二首は、

ヤタノカカミ　カタカムナカミ

というのですが、これは「カ」＝カナタで発生した宇宙波動が八方向からやって来て私たちの「ミ」を通過した結果が有象無象の原理なのですよ、くらいの意味でしょうか。

第三首は、

フトタマノミミコト　フトマニニ

こちらは「二つのものが合わさってできたミコト（命）は、さらに重合して発展経過していく」、こんな感じ。

第四首は、

イハトハニ　カミナリテ　カタカムナ
ヨソヤコトホグシウタ

というのですが、これは、神話的に「イワドのはしに『カミ』が現象したので　カタカムナは　それを四十八音に分解して伝達するものです」というものでしょうか。

ちなみに第一首は、私には後代に編集したあとにつけられたものと見えますが、

カタカムナヒビキ　マノスベシ　アシアトウアン
ウツシマツル　カタカムナウタヒ

「カタカムナが響くと間の術が示された　それをアシアトウアンが写してみると　それは意味ある歌いになっていた」

第五首、第六首はすでにやりました。全部で八十首あるのですが、ここはもう一つ続けて第七首といきましょう。

マカタマノ　アマノミナカヌシ　タカミムスヒ
カムミムスヒ　ミスマルノタマ

「摩訶タマノ　アマノミナカヌシ（太陽）は　高く結んで（南中）見えないところで過ぎ越して　統合してできた球体」

もう一つ『カタカムナ』音読の仕上げに第十五首をどうぞ。

アワナギアワナミ　ツラナギナミアヤ　ミクマリ
クニノミクマリ　アメノクヒサモチ

クニノクヒサモチ　シナツヒコ　ククノチ
オホヤマツミヌツチ　カヤヌヒメ

以上しっかりと一音一音切って歌うことができるようになったら、第五首、第六首をだんだん早口で読めるように練習してください。もちろんそのときは歌うようにではなくて、囁くように小声でやって構いません。カタカムナ相似象の研究については、私は専門家ではないので、興味のある方は諸先達の書物を参考にしてください。私のお勧めは、天野成美著『完訳　カタカムナ』（明窓出版）です。

そして、ここで『古事記』冒頭の記述に至ります。

2 『古事記』（八世紀）

創世《そうせい》の神々《かみがみ》

天地初《あめつちはじ》めて発《ひら》けし時《とき》、高天原《たかまのはら》に成《な》れる神《かみ》の名《な》は、天之御中主神《あめのみなかぬしのかみ》、次《つぎ》に高御産巣日神《たかみむすひのかみ》、次《つぎ》に神産巣日神《かむむすひのかみ》。此《こ》の三柱《みはしら》の神《かみ》は並独神《みなひとりがみ》と成《な》り坐《ま》して、身《み》を隠《かく》したまひ《い》き。

「天と地が初めて分かれたそのとき、タカマノハラにあった神の名は、アメノミナカヌシノカミ、タカミムスヒノカミ、カムミムスヒノカミ。この三神はみな独身なので子孫が続きませんでした」

みなさん「あれっ？」と思いましたよね。そうなのです。『カタカムナ』第七首は、古事記冒頭のこの文の基になっているのです。ここでは多くを語りませんが、『古事記』に出てくる神の名はイザナギ、イザナミをはじめとしてほとんどすべてが『カタカムナ』の中にある言葉を取ったものなのです。たぶん稗田阿礼《ひえだのあれ》がこれを唱えた。それを漢字で記そうとした太安万侶《おおのやすまろ》には、それがさっぱりわからなかった。だからこそ、そのまま神の名に使ったのではないかと思われます。

何はともあれ、この文は原初の音を色濃く残した音読に値するものです。カタカムナ読みでゆっくり歌うように読んでみてください。そのままで、この一二〇〇年以上前の文章が理解して読めてしまうはずです。何回も読んで完璧になるまで練習してください。そして、自然に子どもの耳に入るようにしてください。

次も『古事記』から。須佐之男命《すさのおのみこと》が八岐大蛇《やまたのおろち》を退治して、櫛稲田姫《くしいなだひめ》を我が妻にしたときの歌。

八雲立《やくもた》つ　出雲八重垣《いづもやえがき》　妻籠《つまご》みに
八重垣作《やえがきつく》る　その八重垣《やえがき》を

「八雲立つ」というのは出雲の枕詞（ある言葉を述べるために前もっていうことになっている決まり文句）。日本海の湿った風が出雲の山の上で散り散りに変化することを意味すると思います。その出雲に、八重に囲んだ地を作り、そこへ妻を籠めてさらに八重垣を作っていこうというのです。どんどん子孫を作らんとする男の歌とも言えますが、『古今集』では、これを我が国最古の歌の記録としています。

さて、ここまでは多くの人がつきあってこれた、いや、つきあっていただけたと思います。なにせ日本語を一音一音正確に切って読むだけ。誰でもできるところがこの音読法の特徴です。しかし、これから、『万葉集』『古今集』そして『源氏物語』と続くのを見れば、なかには「オウェ」と古文アレルギー反応を起こされる方も多いと思います。

しかしみなさん、個人指導歴四十八年の教育観察の結果にぜひ耳を傾けてください。じつは、人は例えば、算数ができないのではなくて、できないと思い込むこと、あるいは思い込まされることによってできなくなるものなのです。小学校の算数なんて、あとで考えてみれば難しいはずがありません。中学校の数学だって、大人になってから教科書を読めば、「なんだそんなことだったのか」と簡単に了解できることが多いものです。

特にこれからお子さんを育てていくみなさんにぜひ知っておいていただきたいことは、およそ子どもの上達に関わることで、「苦手」という意識を持たせてはならないということです。やれば誰でも少し上達します。その上達を歓べばいいのに、他者との比較や得点成績で「自分は不得手」と思い込む。そしてそれをしない理由にしてしまう。難しいことなら仕方がないでしょう。でもやってできるはずのことに、苦手意識を持たせることは不要です。

多年にわたり国語を専門に指導してきて、つくづく嘆かわしいのは、学校の授業を受けると、まずほとんどの生徒が古文を嫌いになってしまうということです。嫌いなだけならまだしも、苦手と思うようになってしまうから困ります。

それもそのはずです。ノートに原文を二行おきに写して、そこに文法や言葉の意味、訳を書き込んでいく。そして音読を重視しない。解釈ばかりやる。結果、古文の勉強は音のない言葉の暗記主体のものになってしまう。なんてもったいないことでしょう。もっとも楽しく、ためになるはずのことをやらない。我が国クラシックスの名文中の名文を読むことを楽しまない。そこに日本の言語文化の粋の結晶があるというのに。そんなバカな国語教育があるでしょうか。私の場合、古文といえば音読しまくりです。そして日本語の素晴らしさに感心します。しかも何回読んでも、です。そして繰り返しになりますが、たとえば高校生の一学期分の予習ならたった三時間以内に終了します。

私に習った生徒はみな、古文が得意科目になります。なにせ古文を読んでそのまま了解するのですから、当たり前といえば当たり前でしょうか。

それに現代文の基である古文が読めるようになれば、現代文の意味も明瞭につかむことができるようになります。そうすれば全教科「できる」ようになれるのです。

国語は誰でもできるようになる教科です。そしてそれには、日本語の古典を年代順に読んでいくことから始めるのが正しいのです。しかも、愚直に一音一音ハッキリ読みで。するとわかるわかる、古文がそのままでわかるようになります。そして、もっともっと楽しくなるはずです。これは当然のこと、なぜなら、古文は日本語なのだから。そして、日本語が長い年月を経ても、その根底にある要素がほとんど変わっていないことがわかるはずです。だからここで古文アレルギーなんて思い出さずに頑張ってついて来てください。

簡単です。

誰でもできます。

そして、これほどお子さんのためになるものは他にないのです。

初めはゆっくり、自分のペースで毎日一つずつ進めていってください。折々の復習も大切です。

3『万葉集』（八世紀）

籠《こ》もよ　み籠《こ》持《も》ち　ふくしもよ　みぶくし持《も》ち
この岡《おか》に　菜摘《なつ》ます児《こ》　家《いえ》告《の》らな　名《な》告《の》らさね
そらみつ　大和《やまと》の国《くに》は　おしなべて
我《われ》こそ居《を》れ　しきなべて　我《われ》こそいませ
我《われ》こそば　告《の》らめ　家《いえ》をも名《な》をも

これは『万葉集』巻頭にある、雄略天皇が大和盆地を平定したときの歌と思われるものです。籠というのは竹で編んだ籠《かご》。ふくしは「掘串」、植物を切って採取する道具。「そらみつ」は大和の枕詞。「告る」は「言う」。名乗る。口に出す。天皇になったつもりで、カタカムナ読みで歌うように読んでください。これはまだ完全に七五調には移行していない、古いものと思われます。

天皇は、岡の上から食材とする菜を採取する娘たちに歌いかける。家はどこなのか、名前はなんていうのか。波動の高い大和の国は、私が制圧している。政治を敷いて君臨しているのは、まさに私だ。私こそが名乗ろう、王家と名前を。

4 『古今和歌集』（十世紀）

仮名序《かなじょ》

やまと歌《うた》は、人《ひと》の心《こころ》を種《たね》として、よろづの言《こと》の葉《は》とぞなれりける。世《よ》の中《なか》にある人《ひと》、ことわざ繁《しげ》きものなれば、心《こころ》に思ふ《おもう》ことを、見《み》るもの聞《き》くものにつけて、言ひ《いい》出《い》だせるなり。花《はな》に鳴《な》く鶯《うぐいす》、水《みず》にすむ蛙《かわず》の声《こゑ》を聞《き》けば、生《い》きとし生《い》けるもの、いづれか歌《うた》をよまざりける。

さて早くも前半戦の大きなヤマ場となる『古今集』です。我が国最初の勅撰和歌集である『古今集』は、「東歌」や「防人歌」まで収めた『万葉集』とは異なり、天皇周辺の貴族の和歌を中心にして編集されています。そして、のちの平安貴族にとってなくてはならない「教養書」となっていったのです。『源氏物語』を筆頭とする我が国王朝文学の作者となる、平安女流作家たちもみな、子どもの頃からこの『古今集』を音読暗記させられました。特にこの「仮名序」は、当時の文字を知る貴族で読んだことのない人がないといえるほど読まれたものです。そしてその後、この書き方で日本語散文が書かれていくことになるのです。

この音とリズムと同時に、意味がぶれないでピシッとおさまる文の乗り方、以降のすべての文がこれを手本に書かれたといってもよいくらいです。和歌集の選者ということは、抜きんでた和歌の作り手でもあるということです。

和歌は一音一音切って詠むもの。そうすると意味がよく伝わって面白いと言うので、天皇や貴族までもが夢中になる。それに何て言ったって、男女交際には和歌の素養が不可欠。和歌が詠めなければ恋愛できないというのは深刻です。和歌を熟知した貫之のアタマとカラダに、日本語の一音一音の特性が色濃く刷り込まれていたであろうことは想像に難くありません。

当然これは、カタカムナ読みにもしっかりと応える強靭な文章です。まず、カタカムナ読みで一音一音切って歌うように読みます。そこにあるのは、驚くべき意味の確実なる伝達性です。これより的確に同一事象を記述する文章は考えられないことでしょう。これこそがすべての日本語の「手本」といえます。

さて、これが間違えずにきちんと読めるようになったら、今度は一音一音ハッキリ読みで練習してください。すると、最初の文の「よろずのことのはと**ぞ**なれりける」で、係助詞の「ぞ」を強く読む必要性が出るのです。だからこそ、末尾が「けり」ではなく「ける」と言い切り性の強い音に呼応変化します。

学校教育では、これを「係り結びの法則」とか言いますが、そんなことより実はもっと大切なことが隠されていたのです。音読学習者にとって大切なのは、係助詞を強く読むことだけです。

「係助詞」、ひょっとしたら、この言葉だけでも「アレルギー」を呼び起こす人がいるかもしれません。それはもはや、文法用語アレルギーにも陥っているのです。例えば、古文の先生は「カ行変格活用」とか恐ろしい言葉を教えますが、何のことはない。大切なのは、未然形が「か」じゃなくて「こ」であるという事実だけ。「ラ変」だって、終止形がウ音でない「り」であるだけ。それを「こ・き・く・くる・くれ・こ」とか「ら・り・り・る・れ・れよ」とかやらされるのが屈辱的である、と感じた人もいるはず。そんなことは、将来国文科に進む者だけがやればよいことです。それよりも大切なことは、古文がそのまま読めて理解できることであるはずです。

さらに同時に、できたら読者には、「なれりける」の「り」が一音で「完了」を表すことも味わって読んでほしいと思います。完了というのは「ってなっている」の意。英語ならhave＋過去分詞。でも日本語古文では、エ音の次にくるラ行音は完了の意を表すように決まっているのです。一音だけで完了ですよ。なんて便利な言葉なんでしょうか。

いいですか。「よ・ろ・づ・の・こ・と・の・は・と・**ぞ**・な・れ・**り**・け・る」ですよ。この「れ」のあとの「り」が、一音だけで完了の意味を表しているのです。これを一音一音読みでぜひ味わっていただきたいのです。

「よろず」とは「万屋」のよろずと言っても、あまりに時代遅れでしょうか。「万屋」

は、昔、村に一軒しかなかった、今で言う何でも売っているコンビニみたいなお店。「よろず」は、「なんでも」「たくさん」という意味。「ことわざ」は「諺」ではなくて「出来事や行為」。「かわず」は「カエル」。最後は「この世に生きるものでいったい誰が歌を詠まないことがあろうか」の意で、疑問を問いかけて反対意見を浮かばせるというふうに反語的である。「いずれか」の「か」を強く読む。声は「こうぇ」とワ行音で読む。この音読法では「お」と「を」を区別するので、「心に思うふことを」の「を」はワ行音で「うぉ」と発声します。

一音読みが完成したら、まるで神社の宮司が詠唱するかのように祝詞読みをおこなう。それで感触をつかんで速く正確に読めるようになったら、平読みを行う。日本語が一二○○年を経ても変わらない言語であることにきっと驚きを覚えることでしょう。

5 『竹取物語』（九世紀）

竹取《たけとり》の翁《おきな》とかぐや姫《ひめ》

いまはむかし、たけとりの翁《おきな》といふ《う》ものありけり。野山《のやま》にまじりて竹《たけ》をとりつつ、よろづのことにつかひ《い》けり。名《な》をば、さかきのみやつことなむ（ん）いひ《い》ける。その竹《たけ》の中《なか》に、もと光《ひか》る竹《たけ》なむ（ん）一《ひと》すぢありける。あやしがりて、寄《よ》りて見《み》るに、筒《つつ》の中光《なかひか》りたり。それを見《み》れば、三寸《さんずん》ばかりなる人《ひと》、いとうつくしゅうてゐ《うぃ》たり。翁《おきな》いふやう、「我朝《われあさ》ごと夕《ゆう》ごとに見《み》る竹《たけ》の中《なか》におは《わ》するにて知《し》りぬ。子《こ》となりたまふ《もう》べき人《ひと》なんめり」とて手《て》にうち入《い》れて、家《いえ》へ持《も》ちて来《き》ぬ。妻《め》の嫗《おうな》にあづけてやしなは《わ》す。うつくしきこと、かぎりなし。いとをさなければ、籠《こ》に入《い》れてやしなふ《う》。

読者のみなさんもだいぶ慣れてこられたと思います。なかには日本語古典がそのまま読んでわかることに、すでに強い歓びを感じている方もおられると思います。

『竹取物語』は、今でも中学校の国語教科書に必ず出ているもので、みなさんも一度はお読みになったことがあると思います。それどころか、これは有名な「かぐや姫」のお話なのです。

しかし、これをカタカムナ読みで読んでみると、どこか意味の伝わりがぎこちなくなることを感じられると思います。『竹取物語』を書いた人は、貫之のように多く和歌を詠む人ではなかったのかもしれません。これは和歌文体ではないのです。そうでなければこれは元々の漢文からの訳を試みた作品だったのではないでしょうか。

実は『竹取物語』の成立は『古今集』より少し前だったと言われています。ということは、『古今集』の文章を知らないで書かれたものだということになります。その意味では次の『伊勢物語』も、部分的に『古今集』以前の言葉で書かれたと思われるところがあるので、確認のために読んでおく必要がありそうです。

とにかく『古今集』の出現は、日本語文化においてのちに想像できないほど圧倒的に大きな影響を与えた事件だったのだと思います。

ちなみに、この『竹取物語』も次に出てくる『伊勢物語』も、どちらも男性が書いたものと思われます。しかし、貫之は「男」も「女」もやってみせたのです。何ということでしょう。

『竹取物語』は、一音一音読みの練習テキストに使います。

まず、思いっきり一音一音はっきり切って読みます。一音一音切って読む分にはなかなかよい感じでしょう。

「さかきのみやつこと**なむ**」というのは、テキストによっては「さぬきの」となっていることもあります。この「なむ」は「強調」なので強く読みますが、このとき相手に念を押すかのように読むのがよいと思います。「強調」にもいろいろあるのです。

「いとうつくしうてゐたり」は「いとうつくしゅーてうぃたり」と読みます。「媼」は「翁」の対語、「ばば」の意。

「いふやう」は「いうよう」。

最後の「やしなふ」は「やしのう」でも「やしなう」でも構いません。

6『伊勢物語』（十世紀）

昔《むかし》、男《おとこ》、初冠《ういこうぶり》して、奈良《なら》の京春日《きょうかすが》の里《さと》に知《し》るよしして狩《か》りに往《い》にけり。その里《さと》にいとなまめいたる女《おんな》はらから住《す》みけり。この男垣間見《おとこかいまみ》てけり。思《おも》ほえず古里《ふるさと》に、いとはしたなくてありければ、心地《ここち》まどいにけり。男《おとこ》の着《き》たりける狩衣《かりぎぬ》の裾《すそ》を切《き》りて歌《うた》を書《か》きてやる。その男《おとこ》、しのぶずりの狩衣《かりぎぬ》をなむ（ん）着《き》たりける。

春日《かすが》野《の》の若紫《わかむらさき》のすり衣《ごろも》　しのぶの乱《みだ》れ限《かぎ》り知《し》られず

となむ（ん）おひ《い》つきていひ《い》やりける。次《つ》いで面《おも》白《しろ》きことともやと思《おも》ひ《い》けむ《ん》

みちのくのしのぶもぢずりたれゆゑに　乱《みだ》れ初《そ》めにし我《われ》ならなくに

という歌《うた》の心《こころ》ばへ《え》なり。昔人《むかしびと》は、かくいちはやき雅《みやび》をなむ（ん）しける。

『伊勢物語』は、歌人在原業平《ありわらのなりひら》を主人公として、彼の歌を多く用いながら構成された歌物語です。歌物語とは、和歌が詠まれた経緯などを書いたうえで、和歌が用いられて物語が締めくくられたり進行したりする形式で、この集大成にして完成型が『源氏物語』だと言えると思います。

在原業平は、『古今集』成立の九〇五年より前の八八〇年に没しており、『古今和歌集』にも三十首ほどその和歌が選ばれています。

これは想像するに、晩年の業平が自分の歌を基に語ったことを誰かが書き写して、さらにそこに他の人の話もくっつけられて、十世紀になってからまとまったカタチになったのではないでしょうか。その中でもこの初段は初期からあったものだと考えられ、『竹取物語』同様、『古今集』より古い時代の文章である可能性が高いのです。

平安貴族の坊ちゃんたちは、十二、十三歳で「初冠」（＝成人）すると、

1．官職が与えられ、

2．狩りなどに自由に行ってよいことになり、

3．女性と関係を持つことが許されるようになります。

で、「初冠して」、奈良の春日に領地があったので、早速狩りに出てみると、そこに「非

常に艶かしい姉妹」がいたので思わず覗き見した。これが古里には似つかわしくない非常に美しい女性だったので、自分の着ている陸奥しのぶずりの狩衣の裾を切って歌を詠んでやった。「若紫」は姉妹を象徴すると同時に染料を連想させる。で、次の「しのぶずり」にやっとつなげることができる。「しのぶずり」は忍ぶ草を用いた乱れ模様の染め物。

これは掛詞《かけことば》で、「忍んでいたはずの恋心」つまり、「エッチしたい気持ちが限りなく乱れてどうしようもありません」の意味でしょうか。

さらに足りないと思ったのか、もう一首。これはややくどい説明になります。陸奥のしのぶもじずりはいったい誰のために、乱れ始めてしまったことだろうか。「われならなくに」は、「私でなくていったい誰が」というような歌の心映えというわけです。昔の人はこのように素早い「雅」（恋ごと）をしたものなのですね。私はこれを老人の若い頃の自慢話だと思っています。

『伊勢物語』はカタカムナ読みに耐えます。とはいえ、カタカムナのときとは違って、軽い声で口ずさむようにやってみてください。もちろん和歌のところは元のカタカムナ読みで一音一音はっきり発声して歌います。続いて、一音一音読み、さらに祝詞読みと練習します。

7『土佐日記』（十世紀）――紀貫之

一　帰《かえ》る前《さき》の守《かみ》・慕《した》ふ《う》国人《くにびと》

男《おとこ》もすなる日記《にき》といふ《う》ものを、女《おんな》もしてみむ《ん》とて、するなり。

それの年《とし》の、十二月《しわす》の、二十日《はつか》あまり一日《ひとひ》の日《ひ》の、戌《いぬ》の時《とき》に門出《かどで》す。そのよし、いささかに、ものに書《か》きつく。

或人《あるひと》、県《あがた》の四年五年《よとせいつとせ》はてて、例《れい》のことどもみなし終《を》へ《え》て、解由《げゆ》など取《と》りて、住《す》む館《たち》より出《い》でて、船《ふね》に乗《の》るべき所《ところ》へ渡《わた》る。かれこれ、知《し》る知《し》らぬ、送《おく》りす。年《とし》ごろ、よく比《くら》べつる人々《ひとびと》なむ(ん)、別《わか》れ難《がた》く思《おも》ひ《い》て、日《ひ》しきりに、とかくしつつののしるうちに、夜《よ》ふけぬ。

これは『古今集』選者にして「仮名序」の筆者である紀貫之が、『古今集』成立の三十年後の九三四年に、土佐の守として赴任した帰りの紀行を自分の妻に化けて書き記したものであります。だから、最初の一文の「男も書くという日記というものを、女も書いてみようと思って、ここに書くのです」というのはウソです。

「戌の時」は午後八時頃。「それの年」は貫之の土佐国司任期が終わった九三四年のことです。「門出」とは旅立つために館を出ること。「県の四年五年果てて」は、国司としての四、五年の任期を終わり」。「例のことども」は「いつものこと」、後任国司との引き継ぎ業務。今の世なら、上部組織である監督官庁から、後任者が赴任して来て、引き継ぎ業務をするだけで終わりであるが、昔は後任者の証明書類が必要だった。それが「解由」である。つまり、国司としての仕事を確実に行ったことを証明する書類。後任者のサインをもらって京都で朝廷に提出することになっています。「比べる」というのは、同格でお付き合いの意。それとも和歌の世界の交流を指すか。「日しきりに」は「一日中」。「ののしる」は「大声で騒ぐ」。末尾の「ぬ」は「完了」を示します。『土佐日記』は女性に見せかけてかな混じり文で書かれていますが、これはのちに『蜻蛉日記』などの女性作者に平安日記文学の門戸を開くことになります。

これも一音一音読みから始めますが、間違えずに読めるようになったら祝詞読みをしてみましょう。驚くくらい滑らかに意味が通じるはずです。もちろん、その次に平読みも試してみましょう。

8 『枕草子』（十一世紀）――清少納言

これも教科書に載っているので、どなたでもご存知でしょう。まずは少し長くて大変だけれどもカタカナ読みで。そして、これがそれに耐えうる美しく強い日本語であることを改めて味わってみてください。

第一段

春《はる》は、あけぼの。
や《よ》うや《よ》う白《しろ》くなりゆく山《やま》ぎは、すこしあかりて、
紫《むらさき》だちたる雲《くも》の、細《ほそ》くたなびきたる。
夏《なつ》は、夜《よる》。

月《つき》のころは、さらなり。
闇《やみ》もなほ《お》、
螢《ほたる》のおほ《お》く飛《と》びちがひ《い》たる、
また、ただ一《ひと》つ二《ふた》つなど、ほのかにうち光《ひか》りて
ゆくも、をかし。
雨《あめ》など降《ふ》るも、をかし。
秋《あき》は、夕《ゆう》ぐれ。
夕《ゆう》日《ひ》のさして、山《やま》のはいと近《ちこ》うなりたるに、
烏《からす》の、寝《ね》どころへ行《ゆ》くとて、三《み》つ四《よ》つ、二《ふた》つ、

三《み》つなど、飛《と》びいそぐさへ(え)、あはれなり。まいて、雁《かり》などの列《つら》ねたるが、いと小《ちい》さく見《み》ゆるは、いとをかし。日入《ひい》りはてて、風《かぜ》の音《ね》、虫《むし》の音《ね》など、はたいふ《う》べきにあらず。

冬《ふゆ》は、つとめて。雪《ゆき》の降《ふ》りたるは、いふ《う》べきにもあらず。霜《しも》のいと白《しろ》きも、また、さらでもいと寒《さむ》きに、火《ひ》などいそぎおこして、炭《すみ》もてわたるも、いとつきづきし。昼《ひる》になりて、ぬるくゆるびもていけば、火桶《ひおけ》の火《ひ》も、白《しろ》き灰《はい》がちになりて、わろし。

第二段

ころは、

正月《しょうがつ》、三月《さんがつ》、四月《しがつ》、五月《ごがつ》、

七《しち》、八《はち》、九月《くがつ》、

十一《じゅういち》・二月《にがつ》。すべて、をりにつけつつ、ひととせながらをかし。

「やうやう」は「ようよう」。「山ぎは」は「山の端」の逆で「山に近い空」のこと。「さらなり」は「さらにいい」の意。「ほたる」「ほのか」の「ホ」を、まるで英語で「ホット」と言うときのように、頬から口先へ息が吹き出るように発音するとよいでしょう。

さてここで大切な解説。それは「をかし」と「あはれ」についてです。ふつう学校の古典の授業では、「をかし」を「趣がある」と訳して教えますが、それではどういうことをいっているのかわからないと思います。「をかし」の「ウォ」は、ワ行音で気づきや驚きを示します。それはアタマの中で、他の何かと比べて、あるいは他の状態のときと比べて、「をかし」と認識する左脳的な識別反応です。反対に「あはれ」は、アタマの中の回路を通らず、あたかも体全体で感じている体感的、右脳的な反応なのです。

したがって、「をかし」は「他と比べてちょっとよい」くらいの意味であることが多く、「あはれ」は「とにかくジーンと感じてしまう」ような意味になるのですが、これらを正確に現代語に訳すことはできません。あくまで「をかし」であり「あはれ」なのです。「をかし」を「趣がある」と訳すのはそれなりの苦労のタマモノなのでしょうが、明らかに間違っていると思います。というより、「訳す」こと自体が、古典の研究になってしまっていると思います。そしてさらに、学校教育では、「をかし」をわざわざ現代仮名遣いで「おかし」と書き改めさせるのです。なんとオカシな教育でしょうか。教育自体が日本語の豊かな感性を無視しているのです。ちなみに第一段末尾の「わろし」は、ここでは明らかに「をかし」の反意語です。

「とびいそぐ**さへ**」の「**さへ**」は、すいません毎度のことですが、強意の副助詞なので強く読んでください。

「いふべきにあらず」は「いうことができない」。「つとめて」は「早朝」。「さらでも」は「さ（そう）あらでも」がつまったもので、「そうではなくても」の意。「つきづきし」は「相応しい」。「火桶」は「火鉢」。最近の子は見たことがないでしょうから、どこかで見かけたら積極的に教えましょう。昔の室内暖房具で、炭を用います。炭は当然燃えると灰になります。

で、結局清少納言はこの文でどの季節がよいと言っているのかということになりますが、それは何と、教科書では省略されている、次の第二段に書かれているのです。

第二段　月としては、正月、三月、四月、五月、七月、八月、九月、十一・二月、すべてその折々につけて一年中、日本の一年そのものがいいのです。

『枕草子』は、まずカタカムナ読みで、次いで一音一音読みで練習します。祝詞読みでできないことはないのですが、女性的な文体でどこか相応しくなく感じられると思います。最後に丁寧にさっと平読みすると、これが実に美しい文章であることがよくわかると思います。これは清少納言が歌人を多く輩出する清原家出身の女性で、幼いときから和歌の音がよく刷り込まれているからだと思います。ちなみに、『百人一首』には、清少納言の祖父の清原深養父《きよはらのふかやぶ》、父の元輔、そして清少納言と、珍しく親子三代で歌が選ばれています。

9『源氏物語』（十一世紀）——紫式部

桐壺《きりつぼ》

いづれの御時《おおんとき》にか、女御《にょうご》、更衣《こうい》あまたさぶらひ《い》たまひ《い》けるなかに、いとやむごとなき際《きわ》にはあらぬが、すぐれて時《とき》めきたまふ《もう》ありけり。はじめより我《われ》はと思《おも》ひ《い》上《あ》がりたまへ《え》る御《おん》かたがた、めざましきものにおとしめ嫉《そね》みたまふ《もう》。同《おな》じほど、それより下臈《げろう》の更衣《こうい》たちは、ましてやすからず。朝夕《あさゆう》の宮仕《みやづか》へ《え》につけても、人《ひと》の心《こころ》をのみ動《うご》かし、恨《うら》みを負《お》ふ《う》積《つも》りにや・ありけむ《ん》、いとあつしくなりゆき、もの心細《こころぼそ》げに里《さと》がちなるを、いよいよあかずあは《わ》れなるものに思《おも》ほ《お》して、人《ひと》のそしりをもえ・憚《はばか》らせたまは《わ》ず、世《よ》のためしにもなりぬべき御《おん》もてなしなり。

さて、ついに『源氏物語』。これは、カタカムナ読みにも、祝詞読みにも、平読みにも、そしてあとで解説する速読みにも耐える驚くべき格調の高い文章です。およそ千年の月日を経て、これをこうしてわれわれが原文のまま味わえるのは本当にありがたいことだと思います。

『源氏物語』は、おそらくは次期権力の座を狙う藤原道長が紫式部に命じて、長兄の関白道隆の娘の定子に操を立てて他の女御との間に子どもを作ろうとしない一条天皇に向けて書かせたものだと思われます。だから、宮中で天皇が聴いても申し分のないように、格調高く書かれているのです。宮中では、指名を受けた女房が音読したと思われます。それは何読みだったのでしょうか。いろいろ想像して試してみるのも面白いと思います。「いづれのおおんときにか」というのは、「どの天皇のご治世のことでありましたでしょうか」と物語冒頭の「今は昔」の代わりです。でもそこには、これが宮中で読まれることを前提に書かれていることが表れていると思います。

さて、平安の上級貴族の娘たちは宮中での宮仕えをしますが、ここで大臣クラスの娘だと、のちに次の天皇を生み中宮・皇后となる候補の「女御」として、大納言や中納言の娘たちは「更衣」(衣替え係として天皇の居室寝室に務める)として宮中に入りました。

「あまた」は「多く」。「さぶらひ」↓「侍ふ」は「お仕えする」「おそばに侍る」の意。これは天皇に対する謙譲語です。「たまひ」↓「給う」は尊敬語ですが、天皇にお仕えするもそこは最上級階級の女性たちに対してのことだから、それより下の身分の物語の語り部としては敬意を表す必要があります。「やんごとなき際」とは大変高いご身分ということで、この場合は女御のことを指します。つまり、「やんごとなき際にはあらぬが」というのは、「最高の身分ではないが」という譲歩的な意味になります。宮中ではこれを聴けば、女御ではなく更衣のことをいっているのだと了解されます。

「ときめく」は「天皇のご寵愛を受けている」の意。

「はじめよりわれは」というのは、「初めから自分こそが（次の帝を生むのであると）」。

「めざましきもの」というのは、上目線で不愉快なものを見下す言葉。

「それより下﨟の更衣たち」というのは、「あとから入って来た後輩の更衣たち」の意。更衣の定員は十から十二名で、絶えず新人が補充されたようです。新人、つまり最年少の少女たちは、初めての入内でなぜか宮中の様子がなんだか怪しいムードであることを察知して、どうしてよいかわからず安からず思ったというわけです。朝夕の天皇への宮仕えでも、何かといちゃいちゃするのでしょうか、「人の心をのみ動かし」。（テレパシーを信じていた平安時代）、他の女たちの恨みが積もったのでしょうか、「いと篤しく」（たいそう病弱になり）、「里がち」（一度自宅に戻るとなかなか再出仕しない）。

こういう更衣を帝はいよいよ、「あかずあはれなるもの」（いつまでも絶えることなく自分の心を魅きつけるもの）として。「え憚らせたまはず」（帝はまったくご遠慮なさることがなく）の「え」は下に打ち消しを伴う強調の副詞で強く読む。「世のためし」は「のちの世への悪例」。「御もてなし」は天皇の更衣に対する寵愛。

「どの帝の御世のことでしたでしょうか、女御や更衣が大勢お仕えになっていたなかに、たいそう高いご身分というわけではありませんが、とくに優れてご寵愛を被っているお方がありました。初めから『妾こそは』とお思いになっている方々は『分を弁えない者』と見下しながら、嫉妬していらっしゃいます。それより下の者たちは、まして心穏やかでなく、朝夕の帝の周りのお世話につけても、お役の女房たちの心を動かし、その恨みを買うことが多かったからでもありましょうか、このお方は、病状が大変重くなっていき、心細げに実家に下りることが度重なりますのを、帝はますます『忘れがたくいとおしい者』とお思いになって、人々の非難が高じるのにご配慮なさるともおできにならず、そういったことの前例となって残りそうなご寵愛ぶりでございます」（富澤進平訳）

『源氏物語』は初めはしっかりとカタカムナ読みしてください。充分に音読できるようになったら、一音一音ハッキリ読みに移ってください。それができるようになったら、祝詞読みをします。すると、驚くくらい『源氏物語』が原文そのままで味わえることがおわかりいただけると思います。

さらに平読みしますが、このとき、だんだんと極限まで速く読む、最後は囁くように読む練習をしてください。

最終的な目安は、この文を二十秒以内に読み切ることです。それはおそらく、平安時代の人たちが視読で了解するスピードに近いものになるはずです。

10 『更級日記』（十一世紀）——菅原孝標女

一　上洛《じょうらく》の旅《たび》

あづま路《ぢ》の道《みち》のはてよりも、なほ《お》奥《おく》つかたに生《お》ひ《い》出《い》でたる人《ひと》、いかばかりかはあやしかりけむ《ん》を、いかに思《おも》ひ《い》はじめけることにか、世《よ》の中《なか》に物語《ものがたり》といふ《う》もののあんなるを、いかで見《み》ばやと思《おも》ひ《い》つつ、つれづれなるひるま、よひ《い》ゐ《うぃ》などに、姉《あね》、継母《ままはは》などや《よ》うの人々《ひとびと》の、その物語《ものがたり》、かの物《もの》語《がたり》、光源氏《ひかるげんじ》のあるや《よ》うなど、ところどころ語《かた》るを聞《き》くに、いとどゆかしさまされど、わが思《おも》ふ《う》ままに、そらにいかでかおぼえ語《かた》らむ《ん》。いみじく心もとなきままに、等身《とうしん》に薬師仏《やくしぼとけ》を造《つく》りて、手洗《てあら》ひ《い》などして、人《ひと》まにみそかに入《い》りつつ、「京《きょう》にとくあげたまひて、物語《ものがたり》の多《おほ》くさぶら《ろ》ふ《う》なる、あるかぎり見《み》せたまへ《え》」と、身《み》をすてて額《ぬか》をつき祈《いの》り申《もう》すほどに、十三《じゅうさん》になる年《とし》、のぼらむ《ん》とて、九月三日門出《ながつきみっかかどで》して、いまたちといふ《う》所《ところ》にうつる。

さて、平安時代も後半に差し掛かりました。これまでに学んだ人たちもこの山を越えるのにやや時間がかかることが多いものです。でもこれを越えて鎌倉時代に入ると、いよいよ本格的に日本語古典が原文で了解できるようになります。これまでしっかり練習してきた人は、すでにご自分の日常の日本語力が大きく向上していることを実感されていると思います。人の話をよく聞き取れますし、何て言えばいいのでしょうか、あまり考えずとも言葉が潤滑に口をついて出てくる感覚です。

菅原孝標女《すがわらたかすえのむすめ》は、この文章でもわかる通り、下級貴族受領階級の出身でした。彼女はその階級出身の女性としてはおそらく、最高位職と思われる典侍を務めた極めて有能な女性。早くから『源氏物語』を愛読し、自身も奇想天外なストーリーの『浜松中納言物語』なども書いている、今でいうところの、よく文章が書ける才女です。

『更級日記』は『源氏物語』のおよそ五十年後に書かれたものですが、「日記」ですから、しかも事務が得意な筆先の速い人ですから、走るように速書きしていると思われます。『更級日記』は、カタカムナ読みには耐えられません。意味の流れが無駄になってしまいます。祝詞読みはなんとかいけそうです。しかし、このテキストは何度か一音一音読みをしたら、だんだん速読みをするように練習してください。極限まで速く読もうとしたとき、不思議とこの文章はよく伝わるようになります。それはなぜなのでしょうか。

ここに言語が発達してくる一面を垣間みるようです。

「東路の道の果て」、これは京都から見てはるか遠い東国の武蔵の国（今の東京）よりさらに奥つ方（の上総＝千葉中部に育った者）。「いかばかりか」は「どれほど」「あやしかりけむ」は身分が怪しい（低い）の意味。「いかにおもいはじめけるにか」は「どうして思い始めてしまったのか」。「あんなる」は「あるなる」、「あるとか言う」の伝聞推定的な意味。「みばや」の「ばや」とは「したい」、「見たい」の意。「たい」という気持ちで読んでほしい。「つれづれ」は「することがない」。「よひい」は「宵居」。夜暗いから、みなで集まって朝を待つ時。

「継母」というのは、赴任する父の世話をする新たなる嫁として同行した女性で、姉と自分の養育係でもあります。これは五十歳を過ぎてからの回想記の最も古い部分ですが、先の部分では帰京直後に五歳の幼子を連れて離婚したとあります。

「ゆかし」は「をかし」と思ったもののほうへ行きたい、知りたい。「そらに」の「そら」は、「そらんずる」（暗唱する）の「そら」。アタマの中にある空間を指す。「アタマに想い浮かべて思い出し語りをするようなことがどうしてありましょうか」という意味です。

「いみじ」は「イ」「見じ」。見ることができないほど「スゴい」の意。

「こころもとなき」は「すぐに手に入るはずのものが手に入らなくてじれったい」。「薬師仏を造りて」とありますが、貴族の娘が彫刻なんてするはずがありません。これは「人に造らせて」でしょう。「人まにみそかに」は「人がいないときに密かに」。「とく」は「早く」。「さぶらふなる」は丁寧語。「ございますとか言うのを」。

「額」は「ひたい」。「いまたち」は「新しい官舎の名前」でしょう。

都の京都から離れれば、あたかもインターネットが切断された状態。昼も夜も想起して口にすべき情報が限られます。だから、過去の体験でも話すしか話題がないのです。でも、それも尽きると、自分が読んだことがある物語などの話題となるのですが、それを正確にそらんじていて、思いのままに語る者がいるはずもありません。

お祈りのための薬師仏を造らせて、人がいないときに、手を洗って祈ります。

「早く京都に上げて物語のある限りすべて私に見せてください」で、十三になる年に京都に上ることになるのです。

京都に着けば、夢にまで見た『源氏物語』を手に入れてこれを読みまくり。しかし、それを叶えた薬師仏を東路の道の果てにおいてきてしまったのが、ケチのつき始め？
それに、物語と現実のギャップは大きかったのです。

11 『大鏡』（十二世紀）

〔六〇〕 公任卿《きんとうきょう》、大井河三船《おおいがわさんせん》の誉《ほま》れ

ひととせ、入道殿《にゅうどうどの》の大井河《おおいがわ》に逍遥《しょうよう》せさせたまひ《い》しに、作文《さくもん》の船《ふね》・管絃《かんげん》の船《ふね》・和歌《わか》の船《ふね》と分《わか》たせたまひて、その道《みち》にたへ《え》たる人々《ひとびと》を乗《の》せさせたまひ《い》しに、この大納言殿《だいなごんどの》のまゐりたまへ《え》るを、入道殿《にゅうどうどの》、「かの大納言《だいなごん》、いづれの船《ふね》にか乗《の》らるべき」とのたまは《わ》すれば、「和歌《わか》の船《ふね》に乗《の》りはべらむ《ん》」とのたまひ《い》て、よみたまへ《え》るぞかし、

をぐら山《やま》あらしの風《かぜ》のさむければもみぢの錦《にしき》きぬ人《ひと》ぞなき

申《もう》しうけたまへ《え》るかひ《い》ありてあそばしたりな。御《おん》みづからも、のたまふ《う》なるは、「作文《さくもん》のにぞ乗《の》るべかりける。さてかばかりの詩《し》をつくりたらましかば、名《な》のあがらむ《ん》こともまさりなまし。口惜《くちお》しかりけるわざかな。さても、殿《との》の、『いづれにかと思《おも》ふ《う》』とのたまは《わ》せしになむ(ん)、われながら心《こころ》おごりせられし」とのたまふ《う》なる。

一事《ひとこと》のすぐるるだにあるに、かくいづれの道《みち》もぬけ出《い》でたまひけむは、いにしへも侍《はべ》らぬことなり。

これは一音一音切って読めばわかるテキストとしましょう。

ある年、「入道殿」（藤原道長）が、京都桂川上流の大井川（今の嵐山辺りか）、「逍遥」（きままなお遊び）をされましたが、（貴族のご出身ではない方は、最初は口が回らないかもしれませんが）「せさせたまひし」の「させ」も「たまひ」の両者とも尊敬語でありまして、こういうのは天皇とか極めて身分が高い人に対してだけ用いられることになっています。

『大鏡』は、大宅世継という超高齢者が寺の法会に集まった人の前で話したという体裁をとっており、この人から見れば貴族はみな尊敬の対象、さらにその中でも天皇やその外戚の関白などはもっと上の尊敬の対象。ということで、二重に尊敬語が使われているのです。意味は「なさっておられましたが」くらいでしょうか。
「せ・さ・せ・た・ま・ひ・し・に」は最初切ってゆっくり発声し、慣れてきたら舌の上で転がすように「せさせたまいし」と上品にやれば、貴方も貴族に化けることができるかもしれません。

さて、そこからが優雅ですなぁ。なんと舟を三隻用意して、「作文」(漢詩)、「管弦」、「和歌」の舟に、もう一度練習です、「わかたせたまひて」「のせさせたまひしに」。「その道にたへたる人」というのは、「その道で能力が高い」。すると大納言公任卿が参上されたので、道長が「あの大納言はどの舟に乗るのが正解なのかな」と口にされました。なぜかというと、実は女子が身につけるべきことが、手習い、琴、和歌古今集なのであれば、男子は漢詩制作、管弦、和歌の技術を磨くことが旨とされるのです。つまり、よい漢詩が作れたり、楽器が上手かったり、和歌が上手かったりと、表現することがうまいと尊敬されるのでした。ところが藤原公任は、この三つともが他に抜きん出ていたのです。和漢朗詠集の編者として漢詩が得意なのが大きいのですが、和歌も楽器も上手いとなると、入道殿(道長)にも一目置かれたことになります。

「和歌の舟に乗り侍らん」、「侍り」は丁寧語。

さて、和歌はカタカムナ読みで、

をぐらやま　みねのあらしのさむければ　もみぢのにしき　きぬひとぞなき

本当にすごすぎて正確に現代語に訳せません。「小倉山　対岸に聳える嵐山の風が寒いので　降りかかった錦の紅葉が服にかかっていない人はいない」

「申しうけたまへるかいありて遊ばしたりな」は語り手の驚きの言葉。「自らお望みになられた甲斐あってお見事な歌をお作り遊ばしましたなあ」。でも本人がおっしゃるには、「漢詩の舟に乗るべきだった。それでこのようなレベルのものを作ったら名の上がり具合いも勝っただろうに。残念なことをした。それにしても殿が『どの舟にしたいか』などとおっしゃるから、われながらエラくなったような気分がして、（参加希望者が多い）和歌の舟を選んでしまった」。「一事のすぐるるだにあるに」の「だに」は強調で強く読む。「一事の優れるのですらすごいのに」、このようにどの道にも抜きん出ているというのは、過去にも例がござらぬことでした。もちろん、「か」、「ぞ」、「なむ」などの係助詞は強く読みます。

さて、これを一音一音読みではっきりと間違いなく読めるようになったら、次は祝詞読みです。意味がひしと伝わって感動的な気持ちになると思います。そのうえで割と大きな声で平読みしてください。

お疲れさまです。「ヤマ場」の平安時代は終わりました。ここからは下りです。あとはさらに上手くなるだけです。次はおまけですが、これぞ平安の人々に愛されて唄われたものです。

12 『梁塵秘抄』（十二世紀）

遊《あそ》びをせんとや生《う》まれけむ《ん》
戯《たわぶ》れせんとや生《む》まれけん
遊《あそ》ぶ子《こ》どもの声《こうえ》聞《き》けば
我《わ》が身《み》さへ（え）こそ揺《ゆる》がるれ

遊びをしようと思って生まれてきたんでしょう
たわむれごとをしたいと思って生まれてきたんでしょう
遊ぶ子どもの声を聞けば
自分までもが遊びたくなってしまう

二番目の「生まれ」は「むまれ」と読みます。このほうがおしゃれな感じがします。

「声」は「こうぇ」です。最後の「さえこそ」は「さえ」（副助詞）「こそ」（係助詞）の両方とも強意なので、四字連続強く読みます。

私はこれを教えるときに子どもたちに、こう言います。

「これは魔法の言葉だよ。大人に勉強させられそうになったらこれを唱えて踊れば、すぐに諦めさせせられるよ」

すると子どもたちは調子に乗って、「チャチャ」と手拍子を入れて唱えます。

しかし、後日。

「先生、ダメだったよ」

「？」

「うちの親には利かなかったよ。『うるさい！』と本気で怒鳴られてオシマイ」

強い母には通じないのでした。

13 『方丈記』（一二一二年）――鴨長明

一

ゆく河《かわ》の流《なが》れは絶《た》えずして、しかも、もとの水《みず》にあらず。よどみに浮《うか》ぶうたかたは、かつ消《き》え、かつ結《むす》びて、久《ひさ》しくとどまりたる例《ためし》なし。世《よ》の中《なか》にある、人《ひと》と栖《すみか》と、またかくのごとし。たましきの都《みやこ》のうちに、棟《むね》を並《なら》べ、甍《いらか》を争《あらそ》へ《え》る、高《たか》き、いやしき人《ひと》の住《すま》ひ《い》は、世々《よよ》を経《へ》て、尽《つ》きせぬ物《もの》なれど、これをまことかと尋《たづ》ぬれば、昔《むかし》ありし家《いえ》はまれなり。或《あるい》は去年《こぞ》焼《や》けて今年《ことし》作《つく》れり。或《あるい》は大家《おほいえ》ほろびて小家《こいえ》となる。住《す》む人《ひと》もこれに同《おな》じ。所《ところ》も変《かわ》らず、人《ひと》も多《おお》かれど、いにしへ《え》見《み》し人《ひと》は、二《ふ》三《たみ》十《そ》人《たり》が中《なか》に、わづかにひとりふたりなり。朝《あした》に死《し》に、夕《ゆうべ》に生《うま》るるならひ《い》、ただ水《みず》の泡《あわ》にぞ似《に》たりける。不知《しらず》、生《うま》れ死《し》ぬる人《ひと》、何方《いずかた》より来《き》たりて、何方《いずかた》へ《え》か去《さ》る。また不知《しらず》、仮《かり》の宿《やど》り、誰《た》が為《ため》にか心《こころ》を悩《なや》まし、何《なに》によりてか目《め》を喜《よろこ》ばしむる。その、主《あるじ》と栖《すみか》と、無常《むじょう》を争《あらそ》ふさま、いはば朝顔《あさがほ》の露《つゆ》に異《こと》ならず。或《あるい》は露落《つゆお》ちて花残《はなのこ》れり。残《のこ》るといへども、朝日《あさひ》に枯《か》れぬ。或《あるい》は花《はな》しぼみて露《つゆ》なほ消《き》えず。消《き》えずといへども、夕《ゆうべ》を待《ま》つ事《こと》なし。

鴨長明《かものちょうめい》は下鴨神社の神官の家系の出身で、『無名抄』などの歌論書も書いた歌人です。つまり、祝詞の音も和歌の音も深く吸収している人物です。しかも出家して経も唱えていました。世は平安末期、源平の争いで頽廃《たいはい》するなか、地震火事と天災が続き、京都は末法思想が流行る無常観そのものの世界といった時代。

「方丈」とは、簡易な四角い出家用の住居のこと。そこで長明は起居して仏道修行のかたわら執筆するのです。

「たましきの」とは都の枕詞。都の宮廷には白い石が敷き詰めてあります。「甍」は屋根の上の瓦。「いにしへ見し人」は「以前に見た人」。「ならひ」は「慣習」「通例」「世の中でそうなっていること」。「水の泡にぞ」の「ぞ」は強く読みます。「不知」は、「私は知らない」。「仮の宿り」というのは、仏教的無常観に基づいた言葉。次々と変遷する世で、自分もたまたまここに人間として生きているだけだということ。「目を喜ばしむる」は「目を喜ばせる」。

これも非常に有名な文章で、江戸時代以降の寺子屋で広く読まれて、西鶴などに大きな影響を与えたものと思われます。

14 『平家物語』（十三世紀）

祇園精舎《ぎおんしょうじゃ》

祇園精舎《ぎおんしょうじゃ》の鐘《かね》の声《おと》、諸行無常《しょぎょうむじょう》の響《ひびき》あり。娑羅双《しゃらそう》樹《じゅ》の花《はな》の色《いろ》、盛者必衰《じょうしゃひっすい》のことわりをあらは《わ》す。奢《おご》れる人《ひと》も久《ひさ》しからず、唯春《ただはる》の夜《よ》の夢《ゆめ》のごとし。たけき者《もの》も遂《つい》にはほろびぬ、偏《ひとえ》に風《かぜ》の前《まえ》の塵《ちり》に同《おな》じ。

およそ一二五〇年ごろまでに成立した『平家物語』は、一一八五年の平家滅亡までのことを記した軍記物語で、これを書いた人が、実際に現場を見た人から話を聞いたとしか思われない記述が多く含まれます。

そしてこれは、やがて琵琶法師の語りで、庶民にまでも広まったのです。そこで思うのですが、琵琶法師は、街の辻などに立って、「呼び込み」をしたはず。つまり、「ヤキイモ屋」や「サオダケ屋」と同様に、お客を呼ぶための定番が必要だったのです。これが聴こえると、「オッ来たぞ」と思って人が集まるわけです。そして、リクエストにお応えして語って聞かせます。文字が読めない者でも、話を知ることができます。それを実現したのが平家物語です。ゆえに平家物語の影響は真に大きい。ここで平安古典文が大きく角を曲がり、謡曲を経て、江戸散文に繋がるわけです。

さて、古代インド仏教においては、修行する坊さんはみな出家して托鉢乞食者になるところからスタートしました。インドは、夏は暑いけれど冬でもなんとか野外生活が可能なのです。でも、問題はモンスーン＝雨期です。インドの雨期の雨はすさまじい。あっという間にびしょぬれになり体温が奪われます。そうすれば、体力の落ちた僧の中には死ぬ者も出てしまうほどです。そこで、広大な領地を持つ裕福な在家信者が、敷地内に屋根の付いた瞑想施設を作り、しかも一日一度の食事を給するのです。これが「祇園精舎」で、ここで食事などの合図のために鳴らす鐘の音は、ゴォーンウォウォ〜〜〜〜

～ン……と絶えず音が変化しながら鳴って「無常」（絶えず変化して常がない）を表すというわけです。

「娑羅双樹」というのは、お釈迦様が亡くなったとき、その傍らに生えていた木。仏滅と同時にその花が一気に枯れたといわれます。「盛者必衰の理」とは、盛えているものも必ず滅びると言う法則。「久しからず」は「長くない」。「たけきもの」は平家一門の権勢を指すのでしょうか。みな、風の前の塵に同じ、というわけです。これを国会前で合唱すると、選挙を控えた政治家たちはかなり嫌な気分になると思います。

これはＣＤで聴いていただければわかりますが、初めカタカムナ的に一音一音正確に発声して、次には抑揚を付けて読みます。

ぎおんしょうじゃのーかーねーのーおーとー
しょぎょうむじょーのーひーびーきーあーりー
しゃらそうじゅのーはーなーのーいーろー
じょーしゃひっすいのーこーとーわーりーをーあーらーわーすー
おごれるものもーひさしからずー

ただはるのよのーゆーめーのーごーとーしー

呼び込みでお客を集めるためのごとく読んでみてください。そのうえで、各種音読を試みます。

扇《おうぎ》の的《まと》

ころは二月十八日酉刻《にんがつじゅうはちにちとりのこく》ばかんの事《こと》なるに、をりふし北風《きたかぜ》はげしう吹《ふ》きければ、磯《いそ》うつ浪《なみ》もたかかりけり。舟《ふね》はゆりあげゆりすゑ《うえ》たゞよへ《え》ば、扇《おうぎ》もくしにさだまらずひらめいたり。沖《おき》には平《へい》家舟《けふね》を一面《いちめん》に並《なら》べて見物《けんぶつ》す。陸《くが》には源氏《げんじ》轡《くつばみ》を並《なら》べて是《これ》を見《み》る。いづれも〱晴《はれ》ならずといふ事《こと》なし。与一《よいち》、目《め》をふさいで、「南無八幡大菩薩《なむはちまんだいぼさつ》、別《べつ》しては我国《わがくに》の神明《しんめい》、日光権現《にっこうのごんげん》・宇都宮《うつのみや》・那須《なすの》温泉大明神《ゆぜんだいみょうじん》、願《ねがわ》くはあの扇《おうぎ》のまんなか射《い》させてたばせ給《たまえ》へ。これを射《い》そんずる物《もの》ならば、弓《ゆみ》きり折《を》り自害《じがい》して、人《ひと》に二《ふた》たび面《おもて》をむかふ《こう》べからず。いま一度《いちど》本国《ほんごく》へ帰《かえ》さんとおぼしめさば、この矢《や》はづさせ給《たも》ふ《う》な」と、心《こころ》のうちに祈念《きねん》して、目《め》を見《み》ひらいたれば、風《かぜ》もすこし吹《ふ》きよわつて、扇《おうぎ》も射《い》よげにこそなったりけれ。与一《よいち》、鏑《かぶら》をとってつがひ、よっぴいてひや《よ》うとはなつ。小兵《こひょう》といふぢや《よ》う、十二束三《じゅうにそくみつ》ぶせ、弓《ゆみ》はつよし、鏑《かぶら》は浦《うら》ひびく程《ほど》にながなりして、あやまたず扇《おうぎ》のかなめぎは一寸《いっすん》ばかりおいて、ひぃふっとぞ射《い》きったる。鏑《かぶら》は海《うみ》へ入《い》りければ、扇《おうぎ》は空《そら》へ《え》ぞあがりける。春風《はるかぜ》に、一《ひと》もみ二《ふた》もみもまれて、海《うみ》へさっとぞ散《ち》ったりける。みな紅《くれない》の扇《おうぎ》の夕日《ゆうひ》の輝《かがや》くに、しら浪《なみ》のうへ《え》にたゞよひ《い》、うきぬ沈《しづ》みぬゆられけるを、沖《おき》には平家《へいけ》、ふなばたをたゝいて感《かん》じたり。陸《くが》には源氏《げんじ》、えびらをたゝいてどよめきけり。

これも、中学国語の教科書に必ず載ることになっている名文章です。

旧暦「二月十八日」は、今でいう春分近く。「酉の刻」は日没直前「夕方六時頃」。「ばかん」は「ばかり」の音便。一の谷で急襲を受けて海に出た平家は、対岸高松の屋島で源氏を迎え撃とうとします。馬に乗って陸に並ぶ源氏に、沖の平家から舟が一艘出て来て、竹の竿の上に付けた扇を示し、これを射てみよというのです。そこで判官義経の命令で、弓の名手と言われる那須与一が、これを射る場面。

「くつばみ」というのは、馬の口を捉える手綱。「八幡大菩薩」は、九州宇佐から遷移した京都南部の石清水八幡宮。

霊験あらたかな日光は、この頃から有名だった？「宇都宮」はたしかに「宮」です。

那須は当時から温泉湯量が多かったらしい。

「たばせ給え」は神様に願いを立てる尊敬語。「おぼしめさば」は「お思いになれば」で、「シメサバ」とは関係ありません。「こそ」とか「ぞ」は強意で強く読みます。

「小兵といふぢゃう」は「チビだけれども」。

「十二束三ぶせ」は弓の長さを手でつかんで測る言葉。「鏑」というのは、先端に笛が付いていていてヒューッと音がする儀式用の矢。

「扇のかなめぎは一寸ばかりおいて」というのであるから、扇の下の竹の部分に当たったのです。

「えびら」は「矢筒」、左手で手綱を持ち、右手に持った鞭でこれを叩くのです。

一音一音読みで確認して、強く語りかけるように読みます。

15 『徒然草』（十四世紀）――兼好法師

序段

つれづれなるままに、日《ひ》ぐらし硯《すずり》に向《む》かひ《い》て、心《こころ》にうつりゆくよしなしごとをそこはかとなく書《か》きつくれば、あやしうこそ物狂《ものぐる》ほ《お》しけれ。

これは古今集仮名序以降、最も定番になった散文の文章。江戸時代に広く読まれて、ちょっとした文化人なら知らぬ者がないというほど、よく読まれた文章です。「徒然」というのは、何もすることがない手持ち無沙汰な状態。出家生活は退屈なのです。「日暮らし」は「一日中」。「硯に向いて」は「書くべき紙を前にして」。「よしなし」は「由なし」、筋道がない。

「そこはか」の「はか」とは、最後に行くところ。「はかがいく」「はかどる」のはかで、「そこまでとか終いまでとはなく」。「あやしゅうこそものぐるほしけれ」は、「我ながら不思議なほどもの狂おしい気持ちになる」の意。

自分の身辺を簡単に記述して過不足のない文章の見本。

吉田神社の宮司の家系だから、鴨長明同様、祝詞にも和歌にも経典にも深く通じています。その人の書いた文章は、カタカムナ読みにも耐え、一音一音はっきり読みにも耐えるのです。よく読み込んで身に染み入るようにしてください。

繰り返しますが、これがこれ以降の「古典」です。

第十一段

神無月《かんなづき》のころ、栗栖野《くるすの》といふ所《ところ》を過《す》ぎて、ある山里《やまざと》にたづね入《い》ることはべりしに、はるかなる苔《こけ》の細道《ほそみち》を踏《ふ》み分《わ》けて、心細《こころぼそ》く住《す》みなしたるいほ《お》りあり。木《こ》の葉《は》にうづもるるかけひのしづくならでは、つゆおとなふ《う》ものなし。閼伽棚《あかだな》に菊《きく》、紅葉《もみぢ》など折《お》り散《ち》らしたる、さすがに住《す》む人《ひと》のあればなるべし。

かくてもあられけるよ、とあは《わ》れに見《み》るほどに、かなたの庭《にわ》に、大《おお》きなる柑子《こうじ》の木《き》の、枝《えだ》もたわわになりたるがまは《わ》りをきびしく囲《かこ》ひ《い》たりしこそ、少《すこ》しことさめて、この木《き》なからましかば、と覚《おぼ》えしか。

「神無月」は今の十一月頃。秋が深まる頃です。
何か用があって、京都北部の「栗栖野」の先に足を延ばします。するとそこに入り口を切った苔の細道があって、「心細く住みなしたる」出家者の庵があります。水を引いてくる「掛樋」のしずく以外には「つゆおとなふものなし」（まったく訪れたり音がしたりする者がない）
「あかだな」は庭に設けた祭壇。
「かくてもあられるけるよ」「こんなふうにしても生きていけるものだ」とつくづく感心していると、枝がたわわになった蜜柑の木が、周りを動物にやられないようにがっちり囲まれているのに気がついて少しシラケて、この木がなければよかったのにと感想を述べるのです。

16 『高砂』（十五世紀？）――世阿弥

高砂《たかさご》や、この浦舟《うらぶね》に　帆《ほ》を上《あ》げて、この浦舟《うらぶね》に
帆《ほ》を上《あ》げて、月《つき》もろともに　出《い》で潮《しお》の、波《なみ》の淡《あわ》
路《じ》の　島影《しまかげ》や、遠《とお》く鳴尾《なるお》の　沖過《おきす》ぎて、はや住《すみ》
之江《のえ》に　着《つ》きにけり、はや住之江《すみのえ》に　着《つ》きにけり。

世に鳴門の渦巻きとか申しますが、瀬戸内海は文字通り「内海」であり、豊後水道の「速水瀬戸」、「関門海峡」「明石海峡」「鳴門海峡」と入り口が狭まる内海なので、潮の満ち引きの度に海流が逆方向に速く流れます。明石手前の高砂の神社の境内には老松があり、それには翁嫗《おうおう》の精霊が宿り、しかもそれは大阪湾南東部の住之江の神社の松と「相生」だという。この二つを結ぶは、まず西風の吹く満潮時に帆を揚げた舟を明石海

峡の入り口に至らせ、そのままあっという間に、今でいう大阪湾最奥の夙川《しゅくがわ》近辺の鳴尾の浜を遠くに見て、大阪湾中央部を横切り、早くも住之江に着くという、非常にめでたい時の移りを暗示するものとして、かつては結婚式の芸の定番でした。これはカタカムナ読みで唄って読みます。もちろんその他の読み方でも味わってみてください。

17 『風姿花伝』（一四〇〇年頃）——世阿弥

七歳

ひとつこの芸《げい》において、おほ《お》かた、七歳《ななさい》をもてはじめとす。このころの能《のう》の稽古《けいこ》、必《かなら》ず、その者《もの》、自然《しぜん》と為出《しいだ》すことに、得《え》たる風体《ふうてい》あるべし。舞《まい》、はたらきの間《ま》、音曲《おんぎょく》、もしくは怒《いか》れることなどにてもあれ、ふと為出《しいだ》さむ《ん》かかりを、うち任《まか》せて、心《こころ》のままにせさすべし。さのみに、よき、あしき、とは教《おしう》ふべからず。あまりにいたく諫《いさ》むれば、童《わらんべ》は気《き》を失《うしな》ひて、能《のう》、ものぐさくなりたちぬれば、やがて能《のう》は止《と》まるなり。ただ音曲《おんぎょく》、はたらき、舞《まい》などならではせさすべからず。さのみの物《もの》まねは、たとひ《い》すべくとも、教《おし》ふ《う》まじきなり。

大場《おおにわ》などの脇《わき》の申楽《さるがく》には立《た》つべからず。三《さん》番《ばん》・四番《よばん》の、時分《じぶん》のよからんずるに、得《え》たらん風体《ふうてい》をせさすべし。

実は、これは広く音読されたものではありません。能の家元に「秘伝」として伝えられたもので、二十世紀に至るまで家元周辺にしか読み継がれませんでした。しかし、言葉を歌いと仕舞で昇華させた能を数多く製作した天才の教育論をここで目にすることは、決して無駄とはいえないでしょう。ここには、舞というものの極意が潜み、基礎を徹底することの大切さが説かれています。

「風体」は「芸風」「芸態」。「はたらき」は「うごき」。「怒れることなどにてもあれ」は、「怒りにまかせてするようなときでも」。「ふとしいださむかかりを」は、「ふっとし始めたその続きを」。「気を失ひて」は「やる気がなくなって」「ものくさく」は「億劫に」。「さのみに」は「むやみに」。「ならでは」は「以外は」。「大場」は能をする外の広い庭園など。「三番・四番」は、5番まであるときの三番目と四番目の演目。「時分のよからむずるに」は「丁度良い頃に」。「得たらん風体」は「それなりの芸態」。

これは散文ですが、極めて音の整った文章で、カタカムナ読みにも、一音一音読みにも、祝詞読みにも耐えるので、ぜひ練習してほしいと思います。

それにしても「子どもが自然とし始めるのを待つ」「基礎は教えますが、あまり発展的なことは、初めのうちはさせません。なぜなら、子どものやる気がなくなるから」とは、今日でも教育書に書かれていそうなことです。

18 『本朝永代蔵』(一六八八年刊行)——井原西鶴

初午《はつうま》に乗《のっ》てくる仕合《しあわせ》

天道《てんどう》もの言《いわ》ずして、国土《こくど》に恵《めぐ》みふかし。人《ひと》は実《じつ》あつて、偽《いつわ》りおほし。その心《しん》は本虚《もときょ》にして、物《もの》に応《おう》じて跡《あと》なし。是《これ》、善悪《ぜんあく》の中《なか》に立《たっ》て、すぐなる今《いま》の御代《みよ》をゆたかにわたるは、人《ひと》の人《ひと》たるがゆゑに、常《つね》の人《ひと》にはあらず。一生一大事《いっしょういちだいじ》、身《み》を過《すぐ》るの業《わざ》、士農工商《しのうこうしょう》の外《ほか》、出家《しゅっけ》、神職《しんしょく》にかぎらず。始末大明神《しまつだいみょうじん》の御託宣《ごたくせん》にまかせ、金銀《きんぎん》を溜《たむ》べし。是《これ》、二親《ふたおや》の外《ほか》に、命《いのち》の親《おや》なり。人間《にんげん》、長《なが》くみれば、朝《あした》をしらず、短《みじか》くおもへ《え》ば、夕《ゆうべ》におどろく。されば、天地《てんち》は万物《ばんぶつ》の逆旅《げきりょ》。光陰《こういん》は百代《はくだい》の過客《かきゃく》、浮世《ふせい》は夢幻《ゆめまぼろし》といふ《う》。時《とき》の間《ま》の煙《けぶり》、死《し》すれば何《なん》ぞ、金銀《きんぎん》、瓦石《がせき》にはおとれり。黄泉《こうせん》の用《よう》には立《たち》がたし。然《しか》りといへ《え》ども、残《のこ》して、子孫《しそん》のためとはなりぬ。

井原西鶴は元俳諧から出発した人で、一六八四年住吉神社の矢数俳諧（一昼夜の間に一人で詠んだ句数を競う興行）で前人未到の一昼夜二万三五〇〇句を詠んだといいます。

これはおよそ三秒に一句詠む勘定になり、ほとんど口から五七五を言いっぱなしというこ とになります。

その後、作家に転じた西鶴は、のちの作家に崇めるべき高峰と捉えられました。樋口一葉などはその代表でしょう。それもそのはず、西鶴はほとんど書き直しをしなかったといいます。書いたらそれでオシマイ。これは作家という職業に就く人の夢といえるかもしれません。とにかく、あふれるように言葉が出てきてしまい、しかもそれがすべて名文なのです。どうしてそんなことになるのでしょうか。どんな音読教育を受けた結果そうなったのでしょうか。興味は尽きません。

「天道」とは「太陽」「お日様」のこと。最近これを知らない子がいて驚きますが、「おてんとうさま」。

「すぐなる今の御代」というのは、「幕政、治安が安定した世の中」。

「人の人たるがゆえに、常の人にはあらず」というのは、貴族大名幕臣旗本と家柄で決まってしまうから一般人とは違うこと。

「身をすぐるの業」というのは「稼業」のこと。

「出家」は「坊さん」。「神職」は「神官」「宮司職」。「始末」は「これから先の身の上」。「大明神」は「住吉」でしょうか。

「御託宣」は「神のお告げ」。「朝を知らず」は「夜中に死んじゃう」。「おどろく」は「目が覚める」。

「天地は万物の逆旅にして」は、唐の大詩人、李白の『春下桃梨園に宴するの序』の「夫天地者万物之逆旅　光陰者百代之過客而浮生若夢」から引用。「逆旅」は「旅」そして「旅籠」。

「光陰」は月日の流れ。「光陰矢の如し」。「過客」は「旅人」。

「浮世」は「憂き世」を掛けています。

「瓦石」は、墓碑に使う瓦でしょう。死んでしまえば金銀は墓石ほどにも役に立ちません。「黄泉」は「よみのくに」。死後の世界。


ここまでくればあとは、一音一音をやや大切にして、しっかり大声で、平読みでいくだけです。みなさんはもはや、それだけで読めるはずです。

19

『奥の細道』（一七〇二年刊行）――松尾芭蕉

月日《つきひ》は百代《はくだい》の過客《かきゃく》にして、行《ゆ》き交ふ《こう》年《とし》もまた旅《たび》人《びと》なり。舟《ふね》の上《うえ》に生涯《しょうがい》を浮《う》かべ、馬《うま》の口《くち》とらへ《え》て老《お》いを迎ふ《むこう》る者《もの》は、日々《ひび》旅《たび》にして旅《たび》をすみかとす。古人《こじん》も多《おお》く旅《たび》に死《し》せるあり。予《よ》もいづれの年《とし》よりか、片雲《へんうん》の風《かぜ》に誘は《さそわ》れて、漂泊《ひょうはく》の思ひ《おもい》やまず、海浜《かいひん》にさすらへ《え》て、去年《こぞ》の秋《あき》、江上《こうじょう》の破屋《はおく》にくもの古巣《ふるす》を払ひ《はらい》て、やや年《とし》も暮《く》れ、春《はる》立《た》てるかすみの空《そら》に、白河《しらかわ》の関越《せきこ》えむ《ん》と、そぞろ神《がみ》の物《もの》につきて心《こころ》を狂《くるわ》はせ、道祖神《どうそじん》の招《まね》きに会《あ》ひ《い》て、取《と》るもの手《て》につかず。もも引《ひ》きの破《やぶ》れをつづり、かさの緒《を》付《つ》け替《か》へて、三里《さんり》に灸《きゅう》据《す》うるより、松島《まつしま》の月《つき》まづ心《こころ》にかかりて、住《す》めるかたは人《ひと》に譲《ゆづ》りて、杉風《さんぷう》が別墅《べつしょ》に移《うつ》るに、

草《くさ》の戸《と》も住《す》み替《か》は《わ》る代《よ》ぞひなの家《いえ》

面八句《おもてはっく》を庵《いおり》の柱《はしら》に懸《か》け置《お》く。

これは、松尾芭蕉の『奥の細道』の冒頭部分です。中学三年の教科書で必ず学ぶもので、みなさんも読んだ記憶があると思います。芭蕉が、弟子の曽良と、一六八九年の三月から九月（旧暦）にかけて東北地方を回って日本海岸を南下して、岐阜県の大垣市に至るまでの俳諧紀行文です。

「月日は百代の過客（旅人）」というのは、これまた先の西鶴のところで出た李白の『春下桃梨園に宴するの序』の「夫天地者万物之逆旅　光陰者百代之過客而浮生若夢」の引用です。『永代蔵』刊行が一六八八年ですから、妙な一致を感じてしまいます。共通の先行テキストの存在が暗示されます。

「舟の上に生涯を浮かべ」る者は、「船頭」のことです。仕事が終わると、舟が盗られないように舟の上で寝ます。

「馬の口とらへて老いを迎ふる者」とは、人を運ぶ客商売の「馬子」のこと。仕事が終わると馬が盗られないようにそこで馬と寝ます。だから常駐旅の中です。

「古人」とは、芭蕉が尊敬する旅に死する先輩詩人たちのこと。我が国では、西行、宗祇など。中国では李白、杜甫など。

「予」は「自分」「私」。「片雲の風」は「千切れ雲」。「漂泊」は「旅」。

「江上」というのは、今の東京都墨田区深川の芭蕉庵があった辺り。川の河口で開けたところを「江」といいます。「江」の戸口にあるのが江戸城。「江」から少し遡った辺りにあるのが「江上」。

「破屋」は「ボロ家」のことですが、今でもよく言う「狭くて汚い家ですが」と謙遜する言い方に同じ。

「やや年も暮れ」は「気づけば年も暮れ」。「白河の関」は東北への入り口。「そぞろ神」は「人を落ち着かなくさせる神様」でしょうか。

「物につきて」は「乗り移って」。

「道祖神」は街道のお地蔵さまだから、手招きするわけがありません。ここはいささか笑いを取るために洒落たと見ます。とにかく、芭蕉は旅に出たくてしかたがないのです。気がつけば、「もも引きの破れを綴り、かさの緒付け替えて、三里に灸をすえ」て、旅の準備をしてしまっています。

「松島」は、天橋立、厳島と並ぶ日本三代美景の一つ。ここを歌枕にしたいのです。

「住める方は人に譲る」のは、家賃節約に旅費のためでしょうか。

杉山杉風は、芭蕉を庇護したスポンサー。日本橋魚河岸の鯉問屋の息子。当時、鯉の生け簀のある持ち家が何箇所かにあり、そのひとつを改築して芭蕉庵としました。「古池や蛙飛び込む水の音」の脇には芭蕉が生えていたといいます。

で、みなさん、もしみなさんが、同じ町内で引っ越しをしたら、一度くらいは元自分が住んでいた家に、新たにどんな人が住んでいるのか散歩がてらにでも見て来ますよね。すると、

「自分の住んでいた草の戸も、人が住み替わって、女の子がいるのか、ひなを飾っていることだよ」

という句になり、これをまんざらでもないと思い、庵の柱にかけておくと、客人が来たときの話題にもできるというわけです。

初め、一音一音はっきり読みで何度か練習し、間違えないようになったら、平読みしてください。もはや自己流で結構です。

20 『東海道中膝栗毛』初編序（一八〇二年刊行開始）――十返舎一九

箱根《はこね》八里《はちり》の長持唄《ながもちうた》には、猛《たけ》き宰領《さいりょう》の心《こころ》を和《やわ》らげ、竹《たけ》に雀《すずめ》の馬子唄《まごうた》には、鬼殺《おにごろ》しを燗《かん》せしむ。是《これ》その歌《うた》の徳利酒《とくりざけ》、呑《のめ》や謡《うたい》ひの旅衣《たびごろも》、都《みやこ》をさして行《ゆ》きがけの駄賃帳《だちんちょう》を繰《く》り返《かえ》し、筆《ふで》の建場《たてば》に雲駕《くもかご》の、息杖《いきづえ》をしてゐいやらやつと、書《か》き綴《つづ》りたる東海《とうかい》道《どう》、五十三次《ごじゅうさんつぎ》の記行《みちのき》に、無洒落《ぶしゃれ》と方言《むだ》の二割増《にわりまし》、重荷《おもに》にこじつけ夷曲歌《たわれうた》、それが中《なか》にもただ一夜《ひとよ》、鮓《すし》のめし盛押《もりお》しかけて、商《あきの》ふ《う》戀《こい》の箱枕《はこまくら》、その有《あら》増《まし》を宿帳《やどちょう》の帖《とぢもの》となしたるは、空尻《からしり》の穀《から》無《む》体《たい》なる、ほんの噺《はなし》の問屋場《といやば》もどき、ハイ頼《たのん》ます頼《たのん》ますと、此《こ》の本《ほん》の鹿島立《かしまだち》に、序《じょ》することしかり。

一七六五年生まれの一九は、作品中の狂歌で、「借金は富士の山ほどあるゆへに　そこで夜逃げを駿河ものかな」と詠んでいますが、本当に駿河出身です。

この、どういうわけか奉公勤めも結婚も上手くいかない才人は、江戸大阪で勤めはするも続かず、結婚先にも離縁されて、三十歳で江戸へ戻り、日本橋の版元（出版社）の家に寄生してしまいます。それもそのはず、この人は古典作品はおろか、謡曲、浄瑠璃、歌舞伎、俳諧、おまけに落語、川柳、狂歌にまで通暁し、しかも自ら挿絵も描き、編集もこなすという、版元からすれば大変便利この上ない人物なのです。

しかし、『東海道中膝栗毛』は、それまで一九が売れなかったために版元が刊行を躊躇し、代わりに頼み込んだ別の版元から出して、二十一年続く大ベストセラーになったのです。ともあれ、『東海道中膝栗毛』の大ヒットで、一九はわが国で初めて原稿料で生活することができた作家となったのでした。

太平をもたらした徳川幕府による鎖国からおよそ一五〇年が経ち、平安中期と同様、国風文化の醸成が進行することになります。同時に、各地に藩校、寺子屋ができたために、歴史上初めて国民の多くが読み書きをすることができるようになりました。

西鶴、芭蕉以降、俳諧文の気の利いた粋な言い回しもさらにこなれて、もはや文章の中で駄洒落を言おうが、掛詞をしようが、おふざけをしようが、自由自在の作家たちが現れてきます。

しかし、版元は商売でやっているのですから、確実に売れるものを作ろうとします。すると当然、今の世の中同様、ただオモロいだけではなく、そこに「エロ」が入っているものが求められることになるのです。

「滑稽本」「戯作《げさく》」といいますが、歌舞伎の世界が乱暴で下品な言葉も用いる世界ならば、こちらも「下品」どころか、あまりに下世話な下ネタのオンパレードのどうしようもない世界。当時まともな家では、「こんな物とても嫁入り前の娘には読ませられない」ということに相成るわけです。

昔、筆者の小学生の娘の本棚にこれがあったので、驚いて手に取って見ると、ヤバいところは見事に全部削除されていたので感心しました。この「序」（まえがき）では、そのへんは、わかる人しかわからないように書かれています、さすがです。

さて、東海道新幹線はなぜ熱海から長いトンネルに入るのか？　答え——それは箱根の山を突っきって三島に至るため。

では、鉄道がなかった江戸時代はどうしたか？　それは小田原から箱根を通って三島側へ出るのでした。「天下の険」だから大変です。女性や子どもには荷物を持っての上り下りはキツい。そこで発達するのが、ご当地旅客サービス。まず一番安いのが「長持」、荷物を持ってくれるコース。次が「馬子」、これはだいぶ料金が上がるのでしょうね。そして最後が、「駕」（籠）。これは二人で担ぐのでしょうか、金持ちだけしか利用できなかったに違いありません。もちろん余分なおカネのない人は、自力で歩いて箱根越えをします。

こういった旅客サービスを取り仕切るのが「宰領」。人足、雲助と言った荒くれ者を取り仕切るのですからコワい人物。その人物でも、間の抜けた長持ち歌には思わず和みます。

「鬼殺し」はかなり強い酒。ここから旅と酒の縁語のオンパレードになります。「建場」は街道駅の休憩場所。「めし盛」は宿の給仕する女性。

「商ふ恋の箱枕」とか「空尻の穀無体」とかは、勝手に想像してください。筆者が自分を面白可笑《おもしろおか》しく卑下韜晦《ひげとうかい》して、「ほんの噺の問屋場もどき」とへりくだって見せ、「ハイ頼ます頼ます」とご購読をお願いして、「此本の鹿島立に序することしかり」と結ぶのです。これはこの本がオモロくてなおかつエッチでもあるよ、とお客に告げているのです。

それにしても、何たる自在な日本語でしょうか。もはや、この上のレベルは当分出ないとお思いでしょうが、実はこの後すぐに、いや同時に、平安の『源氏物語』に匹敵する大物が出るのです。

『東海道中膝栗毛』は、一音一音はっきり読みでも平読みでも構いません。何度も読んで、その言葉の連想力の驚くべき高みを味わいましょう。

21『南総里見八犬伝』（十九世紀）――滝沢馬琴

第一回　季基《すゑもと》訓《おしえ》を遺《のこ》して節《せつ》に死《し》す
白竜《はくりゅう》雲《くも》を挟《さしはさ》みて南《みなみ》に帰《おもむ》く

京都《きょうと》の将軍《しょうぐん》、鎌倉《かまくら》の副将《ふくしょう》、武威《ぶい》衰《おとろ》へて偏執《へんしゅう》し、世《よ》は戦国《せんごく》となりし比《ころ》、難《なん》を東海《とうかい》の浜《ほとり》に避《さけ》て、土地《とち》を闢《ひら》き、基業《もとい》を興《おこ》し、子孫《しそん》十世《じっせ》に及《およ》ぶまで、房総《あわかずさ》の国主《こくしゅ》たる、里見治部大夫義実朝臣《さとみぢぶたいふよしざねあっそん》の、事蹟《じせき》をつら〳〵考《かんがう》るに、清和《せいわ》の皇別《みすえ》、源氏《げんじ》の嫡流《ちゃくりゅう》、鎮守府将軍八幡太郎《ちんじゅふしょうぐんはちまんたろう》、義家朝臣《よしいえあっそん》、十一世《じゅういっせい》、里見《さとみ》

治部少輔《ぢぶのしょうゆう》 源《みなもとの》 季基《すえもと》ぬしの嫡男《ちゃくなん》なり。時《とき》に鎌倉《かまくら》の持氏卿《もちうじきょう》、自立《じりゅう》の 志《こころざし》 頻《しきり》にして、執権《しっけん》憲実《のりざね》の諫《いさめ》を用《もち》ひず、忽地《たちまち》嫡庶《ちゃくしょ》の義《ぎ》をわすれて、室町将軍義《むろまちしょうぐんよし》教公《のりこう》と、確執《かくしつ》に及《およ》びしかば、京軍《きょうぐん》猛《にわか》によせ来《きた》りて、憲実《のりざね》に力《ちから》を戮《あわ》し、且戦《かつたたか》ひ且進《かつすすん》で、持氏《もちうじ》父子《ふし》を、鎌倉《かまくら》なる、報国寺《ほうこくじ》に押籠《おしこめ》つゝ、詰腹《つめばら》を切《きら》せけり。是《これ》はこれ、後花園天皇《ごはなぞのてんのう》の永享十一年《えいきょうじゅういちねん》、二《にん》月十日《がつとおか》のことになん。

一九が『東海道中膝栗毛』を刊行し始めたのが一八〇二年。前編を一八一四年に完成。この年、滝沢馬琴の『南総里見八犬伝』が刊行され始めました。これはその後二十八年も書き継がれる大長編ロマンとなり、江戸後期文学の金字塔を打ち立てることになります。安房の国の藩主里見氏の娘の伏姫は、神犬八房との間に八人の若者「八犬士」をもうけます。この八犬士が縦横無尽の大活躍をするのが、そのストーリーです。

石見（島根県）の国の藩医の家柄の森鷗外は、ウルトラ教育ママの母の判断で、五歳頃から「論語」などの漢文の素読を叩き込まれ、近所の子どもと接するよりも、とにかく勉強するように教育されたそうですが、唯一の遊び道具としての書物がこの『南総里見八犬伝』であったというから驚きです。漢字は多いけれど、丁寧にルビがふってあるので、子どもでも音読素読できます。ついでに漢字を覚える効果もあります。森鷗外の歴史物の文体は、この『南総里見八犬伝』の影響を強く受けていると思われます。

一三三六年、足利尊氏は、鎌倉幕府を倒して京都の室町に幕府を開きました。尊氏は、その正妻との間の嫡子の家系を京都の将軍職に、側室との間の庶子家系を副将軍として鎌倉の公方に置くことにしました。鎌倉公方の下には、関東を支配監督する「関東管領」（執権）として代々上杉氏がいました。

一四三八年秋、京都将軍家の言うことを聞かないで勝手にやる鎌倉公方持氏を、執権の上杉憲実が諌めるうち、まずそこに対立が起り、ついで京都から憲実を救援するために駆けつけた幕府の軍が持氏の軍を打ち破り、憲実と協力して永享十一年（一四三九年）持氏とその子義久を追いつめて切腹させたという事件を「永享の乱」というのです。「武威」は権勢、力。「偏執」は「確執」と同じ。互いに意見を言って争い、相手に従わないこと。「戦国」とはその始まりを「応仁の乱」（一四六七年）とするのがふつうですが、支配力の弱い室町幕府の下で、各地で内乱や内紛が起こり、すでにその前から不安定な状態であったことを指すのでありましょう。お断りしておきますが、これは「物語」であり、史実に忠実とは限りません。「東海」は東京湾東部。今の房総半島千葉。「大夫」は中国国司で五位。「事跡」は略歴。源氏とは清和天皇の家系を名乗る武士団。その一族の英雄中の英雄の祖先とは、鎮守府将軍に任ぜられた八幡太郎義家。その「十一世」で小輔（次官、介、大夫の下）の嫡男です。

これは二字からなる漢字熟語が多い、現代文に近い文体。二字からなる漢字をまるで「　」に入っているかのように、少し強調、しっかり確認しながら読みます。そして、だんだん速く平読みできるようにしましょう。

22『学問《がくもん》のすすめ』（一八七二年）――福沢諭吉　小幡篤次郎同著

天《てん》は人《ひと》の上《うえ》に人《ひと》を作《つく》らず人《ひと》の下《した》に人《ひと》を作《つく》らずと言《い》へり。されば天《てん》より人《ひと》を生《しょう》ずるには、万人《ばんにん》は万人皆同《ばんにんみなおな》じ位《くらい》にして、生《う》まれながらの貴賤上下《きせんじょうげ》の差別《さべつ》なく、万物《ばんぶつ》の霊《れい》たる身《み》と心《こころ》との働《はたら》きをもって天地《てんち》の間《あいだ》にあるよろづのものを資《と》り、もって衣食住《いしょくじゅう》の用《よう》を達《たつ》し、自由自在《じゆうじざい》、互《たが》ひに人《ひと》の妨《さまた》げをなさずして各々安楽《おのおのあんらく》にこの世《よ》を渡《わた》らしめ給《たも》ふの趣意《しゅい》なり。されども今広《いまひろ》くこの人間世界《にんげんせかい》を見渡《みわた》すに、かしこき人《ひと》あり、おろかなる人《ひと》あり、貧《まず》しきもあり、富《と》めるもあり、貴人《きじん》もあり、下人《げにん》もありて、その有様雲《ありさまくも》と泥《どろ》の相違《そうい》あるに似《に》たるは何《なん》ぞや。その次第甚《しだいはなは》だ明《あき》らかなり。実語教《じつごきょう》に、人学《ひとまな》ばざれば智《ち》なし、智《ち》なき者《もの》は愚人《ぐにん》なりとあり。されば賢人《けんじん》と愚人《ぐにん》との別《べつ》は、学《まな》ぶと学《まな》ばざるとに由《よ》つて出来《いでく》るものなり。また世《よ》の中《なか》に難《むづか》しき仕事《しごと》もあり、やすき仕事《しごと》もあり。その難《むづか》しき仕事《しごと》をする者《もの》を身分重《みぶんおも》き人《ひと》と名付《なづ》け、やすき仕事《しごと》をする者《もの》を身分軽《みぶんかろ》き者《もの》といふ。すべて心《こころ》を用《もち》い心配《しんぱい》する仕事《しごと》はむづかしくして、手足《てあし》を用《もち》いる力役《りきえき》はやすし。故《ゆえ》に、医者《いしゃ》、学者《がくしゃ》、政府《せいふ》の役人《やくにん》、または大《おお》いなる商売《しょうばい》をする町人《ちょうにん》、あまたの奉公人《ほうこうにん》を召《め》し使《つか》ふ大百姓《だいびゃくしょう》などは、身分重《みぶんおも》くして貴《とうと》き者《もの》といふべし。身分重《みぶんおも》くして貴《とうと》ければ自《おの》づからその家《いえ》も富《と》んで、下々《しもじも》の者《もの》より見《み》れば及《およ》ぶべからざるようなれども、その本《もと》を尋《たづ》ぬればただその人《ひと》に学問《がくもん》の力《ちから》あるとなきとに由《よ》つてその相違《そうい》も出来《いでき》たるのみにて、天《てん》より定《さだ》めたる約束《やくそく》にあらず。諺《ことわざ》に云《いわ》く、天《てん》は富貴《ふうき》を人《ひと》に与《あた》へ《え》ずしてこれをその人《ひと》の働《はたら》きに与《あた》ふるものなりと。されば前《せん》にも言《い》へ《え》る通《とお》り、人《ひと》は生《う》まれながらにして貴賤貧富《きせんひんぷ》の別《べつ》なし。ただ学問《がくもん》を勤《つと》めて物事《ものごと》をよく知《し》る者《もの》は貴人《きじん》となり富人《ふじん》となり、無《む》学《がく》なる者《もの》は貧人《ひんじん》となり下人《げにん》となるなり。

福沢諭吉は、一八三五年に豊前中津藩の下級藩士の家に生まれました。大阪の緒方洪庵の適塾で蘭学を修めたあと、江戸へ出て当時、誰も学ぶことがなかった英語を習得し、一八五八年に慶応義塾を創設。この間、語学の力を認められて幕臣としても活躍し、咸臨丸で渡米。ついでヨーロッパ使節団にも通訳として同行。広く欧米の生の姿を見聞しました。

一八七二年というと明治五年、政府は初めて学制を発表します。これに合わせるように出版されたのがこの書『学問のすすめ』です。明治維新で、それまでの身分制度が崩壊して、新しい国家体制になりました。大きな移り変わりに多くの人はあっけにとられ、これからどのようにして生きていくのがよいのか思い悩んだことでしょう。そこに現れたこの本は、大いに読まれ空前のベストセラーとなり、しまいには小学校の教科書にも載せられるようになりました。総計三〇〇万部以上出たとのことですから、当時の人口約三〇〇〇万人から想像すると、文字が読めるほとんどの人が目を通したことになります。私は、福沢諭吉が、自分が一万円札の肖像になったことを知ったらなんて言うのか知りたくてしようがありません。

小幡篤次郎は、中津藩士で、福沢が江戸に連れて来て、その下で英語を学び頭角を現した人です。慶応義塾第三代塾長。貴族院議員。

ともあれ、この文章は、明治初頭でまだ誰も英語を読み書きできないときに、すでにそれを修得した人たちによって書かれたものであることに留意したいと思います。「天は人の上に人を作らず人の下に人を作らずと言へり」というのは、「と言へり」とありますから、他からの引用を表します。これまで士農工商の身分制度を絶対と思っていた人たちに、強く平等思想を語りかけ、同時に「お上」でもなく「天皇」でもなく「天」というものがあることを認識させてしまおうとします。実は、これはアメリカ独立宣言から取ったもので、原文では天はもちろんＧｏｄです。末尾の「り」はエ音のあとですから「完了」を意味します。「趣意なり」は、「天の趣意なり」の意味です。

『実語教』は平安末期に成立したと思われる修養書で、寺子屋などでよく読まれていました。「心配」は、ここでは心を用いること。不安になることではありません。これは、漱石や鷗外の文章にも見られることですが、明治初頭、西洋文を翻訳しようとするとき、適切な和語が見つからない場合、漢字を組み合わせて新語を造ります。例えば「経済」とは、economicsを福沢が訳したものだといわれています。Societyも「世間」とか「世の中」では妙だから、「社会」と新しく訳語を創出することになったのです。でもその後使い方が変化したり別に定まったりするので、このように場合によっては現在では違和感の残る使い方になるわけです。「及ぶべからざる」は「及ぶことができない」。

これも一音一音を大切にして、強くはっきりと平読みで読みます。西鶴の『永代蔵』を読んだときを思い出すとよいかもしれません。ちなみに、第一文の「と」は強く発声してください。当時多くの人が読んだということは、この文は多くの人に読めるように書かれていたということです。そしてまた、この演説に用いるような語調の明治の文はその後、大いに流行ることになります。

23 『舞姫』（一八九〇年発表）――森鷗外

石炭《せきたん》をばはや積《つ》み果《は》てつ。中等室《ちゅうとうしつ》の卓《つくえ》のほとりはいと静《しず》かにて、熾熱灯《しねつとう》の光《ひかり》の晴《は》れがましきもあだなり。今宵《こよい》は夜《よ》ごとにここに集《つど》ひ来《きた》るカルタ仲間《なかま》もホテルに宿《やど》りて、船《ふね》に残《のこ》れるは余《よ》一人《ひとり》のみなれば。

五年前《いつとせまえ》のことなりしが、平生《ひごろ》の望《のぞ》み足《た》りて、洋行《ようこう》の官命《かんめい》をこうむり、このセイゴンの港《みなと》まで来《こ》しころは、目《め》に見《み》るもの、耳《みみ》に聞《き》くもの、一《ひと》つとして新《あら》たならぬはなく、筆《ふで》にまかせて書《か》き記《しる》しつる紀行文《きこうぶん》、日《ひ》ごとに幾千言《いくせんげん》をかなしけむ、当時《とうじ》の新聞《しんぶん》に載《の》せられて、世《よ》の人《ひと》にもてはやされしかど、今日《こんにち》になりて思《おも》へ《え》ば、幼《おさな》き思想《しそう》、身《み》のほど知《し》らぬ放言《ほうげん》、さらぬも尋常《よのつね》の動植金石《どうしょくきんせき》、さては風俗《ふうぞく》などをさへ(え)珍《めずら》しげに記《しる》ししを、心《こころ》ある人《ひと》はいかにか見《み》けむ《ん》。こたびは途《みち》に上《のぼ》りし時《とき》、日記《にき》ものせむ《ん》とて買《か》ひ《い》し冊子《さつし》もまだ白紙《はくし》のままなるは、ドイツにて物学《ものまな》びせし間《ま》に、一《いっ》種《しゅ》のニル・アドミラリイの気象《きしょう》をや養《やしな》ひ得《え》たりけむ《ん》、あらず、これには別《べつ》に故《ゆえ》あり。

夏目漱石（一八六七―一九一六）と並び「文豪」称される森鷗外（一八六二―一九二二）は、十八歳で東大医学部を出て、陸軍軍医系の高級官僚となりました。そこで後の漱石（一九〇〇～〇二年までイギリス留学）同様、一八八四～八八年に官費でドイツに留学しました。

さて、当時ドイツから帰国するには、まず陸路マルセイユやブリンジシといった地中海の港に至り、そこから「地中海→スエズ運河→紅海→アラビア海→インド洋→マラッカ海峡→南シナ海→東シナ海」とおよそ一ヵ月以上の船旅をして帰るのでした。もちろん船は途中あちこちに寄港して、荷物の上げ下ろしや燃料の石炭や水の積み込みも行います。

マラッカ海峡の出口のところにあるのが要所のシンガポールです。そしてここを出ると次に停泊するのが約一〇〇〇キロ北方のサイゴン、つまり今のベトナムのホーチミンです。時速約三十キロとして約三十三時間。シンガポールを朝出ると、二日後の夕方まではサイゴンに着くことになります。ここで荷物の上げ下ろしや燃料積み込みなどの作業をするので、その夜はそこに停泊して明くる朝に出帆することになります。ですから船のお客は、気分転換に陸へ上がって、そこで観光したり食事したりすることになるわけです。

「中等室」というのは、今でいうビジネスクラス。新幹線なら指定席特急券だけれども、グリーン（一等）ではありません。かといって、仕事で出張のお役人が自由席三等というわけにはいかないのです。

「熾熱灯」と言うのは電灯のことですが、光度の強いアーク灯であると思われます。

「カルタ」は「カード」、我が国でいうところのトランプ。船の上は退屈なので毎日、卓を囲んでいたのでしょう。

「洋行の官命をこうむり」は「ヨーロッパ出向の政府命令をいただき」。

「日ごとに幾千言を**か**なしけむ」は「毎日何千語を書いたことだろうか」。この「か」は強く読みます。

「さらぬも」は「大したことがない」。「さへ」は強く読みます。

「心ある人はいかに**か**見けむ」は「まともな人はどう思ったことだろうか」で、「か」

は強く読みます。

「途に上りしとき」は「帰国するとき」。「日記ものせむ」は「日記でも書こう」。「冊子」は「ノート」。

「ニル・アドミラリイ」は英語のadmireに当たる語の否定のラテン語らしく、「感動しない」の意でしょうか。

「気象」は、今でいうと「お天気」の意味になってしまいますが、これは「気性」のこと。

「や」は強く読みます。「これには別に故あり」とは「これには別に理由があるのだ」の意で、これからそのことを一気に書こうとする執筆姿勢を示しています。実は鷗外は、ベルリンで可憐な少女ダンサーと関係ができて、彼女が妊娠したので、ヤバくなって日本に逃げ帰るところなのです。

これは一八八八年のことで、実は鷗外の帰国直後にこのドイツ人女性が横浜に追いかけて来て大騒ぎ。やっと身内で彼女を説得、解決してドイツに送り返したのです。その体験を基に一八九〇年に「舞姫」（ダンサー、踊り子）を発表するのですから驚きです。もし作品中で「発狂して精神病院に入れた」と書かれたエリスがこれを読んだら、いったいどのように思うことでしょうか。エリスは第二次大戦後にベルリンで亡くなっています。

　これも、はっきりとした平読みで一語一語味わって読みます。この文体はまだ江戸文体を引っ張っていますが、やがて鷗外は的確で魅力的な散文の記述をものにし、歴史物も書くことになります。今でも漱石や鷗外を読むと、驚くほど古さを感じさせませんが、それは彼らの文章が多くの人によく読まれた、そして多くの人が文章を書く手本にしたからです。のちの人が手本にすると古くならないのです。「古典」とは古いものですが、同時に古くなりにくいものでもあるのです。

24 『にごりえ』（一八九五年発表）——樋口一葉

（一）

おい木村《きむら》さん信《しん》さん寄《よ》つてお出《いで》よ、お寄《よ》りといつたら寄《よ》つても宜《い》いではないか、又《また》素《す》通《どお》りで二《ふた》葉《ば》やへ行《い》く気《き》だらう、押《おし》かけて行《い》つて引《ひき》ずつて来《く》るからさう思《おも》ひな、ほんとにお湯《ぶう》なら帰《かえ》りに屹度《きつと》よつてお呉《く》れよ、嘘《うそ》つ吐《つ》きだから何《なに》を言《い》ふ《う》か知《し》れやしないと店先《みせさき》に立《た》つて馴染《なじみ》らしき突《つっ》かけ下駄《げた》の男《おとこ》をとらへて小言《こごと》をいふ《う》やう《よ》な物《もの》の言《い》ひ《い》ぶり、腹《はら》も立《た》たずか言訳《いいわけ》しながら後刻《のち》に後刻《のち》にと行過《ゆきすぎ》るあとを、一寸舌打《ちょっとしたうち》しながら見送《みおく》つて後《のち》にも無《な》いもんだ来《く》る気《き》もない癖《くせ》に、本当《ほんとう》に女房《にょうぼう》もちに成《な》つては仕方《しかた》がないねと店《みせ》に向《むか》つて閾《しきい》をまたぎながら一人言《ひとりごと》をいへ《え》ば、高《たか》ちやん大分《だいぶ》御述懐《ごじゅっかい》だね、何《なに》もそんなに案《あん》じるにも及《およ》ぶまい焼棒杭《やけぼっくい》に何《なに》とやら、又《また》よりの戻《もど》る事《こと》もあるよ、心配《しんぱい》しないで呪《まじない》でもして待《ま》つが宜《い》いさと慰《なぐ》さめるや《よ》うな朋輩《ほうばい》の口振《くちぶり》、力《りき》ちやんと違《ちが》つて私《わた(ママ)》しには技倆《うで》が無《な》いからね、一人《ひとり》でも逃《にが》しては残念《ざんねん》さ、私《わた(ママ)》しのやうな運《うん》の悪《わる》い者《もの》には呪《まじない》も何《なに》も利《き》きはしない、今夜《こんや》も又木戸番《またきどばん》か、何《なん》たら事《こと》だ面白《おもしろ》くもないと肝癪《かんしゃく》まぎれに店前《みせさき》へ腰《こし》をかけて駒下《こまげ》駄《た》のうしろでとん〳〵と土間《どま》を蹴《け》るは二十《はたち》の上《うえ》を七《なな》つか十《とお》か引眉毛《ひきまゆげ》に作《つく》り生際《はえぎわ》、白粉《おしろい》べつたりとつけて唇《くちびる》は人喰《ひとく》ふ《う》犬《いぬ》の如《ごと》く、かくては紅《べに》も厭《いや》らしき物《もの》なり、お力《りき》と呼《よ》ばれたるは中肉《ちゅうにく》の背恰《せいかっ》好《こう》すらりつとして洗《あら》ひ《い》髪《がみ》の大嶋田《おおしまだ》に新《しん》わらのさわやかさ、頸《えり》もと計《ばかり》の白粉《おしろい》も栄《は》えなく見《み》ゆる天《てん》然《ねん》の色白《いろじろ》をこれみよがしに乳《ち》のあたりまで胸《むね》くつろげて、烟草《たばこ》すぱ〳〵長烟管《ながぎせる》に立膝《たてひざ》の無作法《ぶさほう》さも咎《とが》める人《ひと》のなきこそよけれ、思《おも》ひ切《き》つたる大形《おおがた》の浴衣《ゆかた》に引《ひっ》かけ帯《おび》は黒繻子《くろじゅす》と何《なに》やらのまがひ物《いもの》、緋《ひ》の平《ひら》ぐけが背《せ》の処《ところ》に見《み》えて言《いわ》はずと知《し》れし此《こ》のあたりの姉《あね》さま風《ふう》なり、

二十四歳で早世した一葉の作家生活は一八八四～一八八五年の十四ヶ月間だけでありました。この紫式部以来の天才女流作家は、極めて鋭敏な聴覚認識能力を持っていまし

た。子どもたちに音読を教えていると、面白いことに気づきます。女の子のほとんどが私の発声通りにできるのに、男の子の多くは私の発声通りにではなく、彼なりの音に変換して発声するのです。女の子は聴こえたままに認識して、それを再現できます。しかし男の子は五歳を過ぎると、これができない子がほとんどになります。これは、音楽や言語の活動では女性のほうが圧倒的に有利なことを示していると思います。

そもそも優秀な作家とは、耳で聴きとる力、そして聴いたことを再現する能力がある人たちでもあるはずです。男性なら言語をこね混ぜようとします。しかし女性の多くは、感じたことをそのまま伝えようとします。つまり、あまり考えるということをしなくても書けるのです。ということは、男性の作家は、アタマでこねくり回したものを女性にも伝わる言葉で再構成している人たちということもできるでしょうか。

一葉の『にごりえ』は心中物ですが、その冒頭のシーンは歓楽街の呼び込みです。それをおそらく一葉はほとんど耳にしたまま再現しているのです。ここにはまさしく女性の声があります。音がある文学です。ぜひ、そこを味わってください。

店の前で客引きに失敗して腹を立てている女は「高ちゃん」、店の中にいてそれを受けるのが「力ちゃん」。「大分御述懐だね」は「ずいぶん文句がいっぱいあるのね」くらいでしょうか。

「木戸番」とは、客がつかなかった女が裏方を務めること。ここからは遊女の観察描写。「大嶋田」は当時流行の髪型。「新わら」はそれを束ねる藁紐。「黒繻子」は織物の種類。「平ぐけ」は浴衣などによく使う平たい帯。

『源氏物語』と『更級日記』のところで、速読みをしました。これはまず、一音一音はっきり読みで一度読み、リズムをつかんだらそれを徐々に繰り返し、速く読めるように練習します。そうして、地の文にそのまま書かれた「音」を引き出してみてください。

★★★★★

さてみなさん、ここでこのテキストは終了です。毎日きちんとやると、二十日くらいで終了しますが、ご自分のご都合に合わせてゆっくり確実に進んでいただいても結構です。**大切なのは、みなさんがこれを繰り返し練習している音が自然と子どもの耳に入ること**です。だから、お子さんの成長に合わせてゆっくりやってもよいと思います。

「ママはこれから音読の練習をするから聴いていてね」

男の子はじっとして聴いてはいませんが、そのうち、「かわずって何？」「つれづれって何？」と聞いてくるようになればしめたもの。

「か・わ・ず」「つ・れ・づ・れ」と一音一音切って読んでから意味を教えてやります。最初から抵抗なく『カタカムナ』ができるようになる子がいます。こういった子の国語力はそのあと確実に伸びていくことになります。なかには、『古今集』とか『源氏物語』をそらんじてしまう子も出ます。

そうして古典が読めることがベースになると、それを基に書かれた現代文もよく読めるようになります。つまり、日本語がよくできるようになるのです。言葉がよくできるようになるとは、認識力が深くなるということですから、当然アタマがよくなります。

さて、これに引き続きどんなものをテキストにしていけばよいのか――。それは明治以降の文学作品ということになりますが、のちに「古典」となる優れた文学作品は、どれも時を経て読んでも意味と音がブレないものばかりです。つまり、古典となるために長い間繰り返し読まれるという試練に耐えうるのは、少なくとも音と意味がよく伝わる作品ばかりということになります。これは、作者の中に日本語古典の基底音があることを暗示します。

一音一音性に注意して音読してみます。「いける！」とわかったら通読すればよいのです。『ノンちゃん雲に乗る』もそんないいテキストとしてあげておきます。また、日本文学ばかりでなく、外国文の翻訳にも挑戦してほしいものです。そこには、この世に生まれて一度も読まずにすますのはもったいなさ過ぎる作品群があります。

日本語のスゴいところは、いかなる外来語でさえも、その一音一音リズム性に取り込んで吸収してしまうところですが、そのことから、世界のあらゆる言語のニュアンスを日本語に置き換えられるという、これまた驚くべきことが起こるのです。どんな言葉でも日本語に訳せてしまうのです。岩波文庫を筆頭とする文庫本に吸収された外国文学や学術論文の数々、すべて日本語で読めるのです。

それどころか、アジアの各地で英語が公用語化され、大学では英語を使わなければならないところも多いというのに、我が国では戦後もずっと日本語で教育を行い、研究発表も日本語で行われてきました。それは、いかなる言語も日本語に置き換えてしまうという、この言語の特質があるからに違いありません。

ともあれ、学校ではまともな国語力が身につかないことは歴史的に証明されました。私たちのすべきことは、私たちが勝手にその力を伸ばして、しかもそれを子孫に伝えることです。国語力鍛錬の王道、それは古典名文の音読の他にありません。

『ノンちゃん雲に乗る』(一九五一年)――石井桃子

今《いま》から何十年《なんじゅうねん》かまえの、ある晴《は》れた春《はる》の朝《あさ》のできごとでした。いまでいえば東京都《とうきょうと》、そのころでは東京府《とうきょうふ》のずっとずっと片《かた》すみにあたる菖《しょう》蒲町《ぶまち》という小《ちい》さい町《まち》の、またずっとずっと町《まち》はずれにある氷川様《ひかわさま》というお社《やしろ》の、昼《ひる》なお暗《くら》い境《けい》内《だい》を、ノンちゃんという八《やっ》つになる女《おんな》の子《こ》がただひとり、わあわあ泣《な》きながら、つうつうはなをすすりながら、ひょうたん池《いけ》のほうへむかって歩《ある》いておりました。

「あとがき」にかえて

古典音読で親子の国語力を伸ばそう

「学力低下」の原因は「国語力の低下」にある

ここのところ、全国的に学力の低下が問題になっています。その原因を「ゆとり教育」に求めたこともありました。しかし私はそれ以前に、国語力の低下こそが学力低下の大きな原因になっていると確信しています。

国語力の低下は深刻な問題であり、学生を受け入れる側の大学からは「とにかく日本語力のある学生が欲しい」という要請が漏れ聞こえてくるほどです。その危機意識は、入試で小論文や面接を重視したり、AO入試という形を導入したりする大学が増えているところに表れています。こうした入試のスタイル、その実態は「国語力」の有無を審査するものといってもいいと思われます。

そもそも、グローバルだろうが、ローカルだろうが、専門家の話を聞いて理解し、彼らの提示するテキストを読みこなし、わからないところは口頭で直接質問し、そのうえで自らの思考過程を文章化してレポートにまとめられることが前提になっているのが、大学という高等教育機関なのです。

そういう能力の備わらないうちに、高い授業料を払って大学に行っても意味がないはずです。**大学に行って学ぶ意味のあるレベルの能力を備えるには、読書の習慣と、自分の考えを文章にまとめる能力が必要**です。

入学試験の合格点を取るための勉強をするというのがナンセンス。それよりも、よい文章を読んで、内容を整理整頓し、こんなことが書いてあった、とまとめる練習をしたほうがよほど有益です。大学側としても、高校の三年間で岩波新書、中公新書合わせて二〇〇冊読みました、という生徒がいたら、ただ合格点をクリアするだけの生徒より、そちらのほうを採りたいと考えるでしょう。それだけですでに大学卒業したのと同程度の量の本を読んでいることになるのですから。

では、なぜ、この重要な国語力がそこまで低下しているのでしょうか？

国語力の低下が問題になるとき、決まって槍玉に上がるのはテレビやマンガ、ゲームです。どれも、子どもを読書や学習から遠ざけるものであることは否定できないからでしょう。でも、本当はそれだけではありません。

テレビが問題になるのは、そこで使われている日本語が、子どもたちの国語力にとって有益でないものが多いからです。

しかし、子どもたちが言葉を吸収しているのは、テレビからだけではありません。子どもたちの国語のレベルが低いなら、それは、**子どもを取り巻く社会全体の言葉のレベルが低いから**と考えるべきです。

すなわち、子どもたちの国語力が低下している原因は、大人が社会で使う日本語力の「低下」にあるのです。つまり、日本全体で国語力が低下しているのです。これはけっこうおそろしいことだと思いませんか。

国語力のレベルを回復するには？

まず、なにはともあれ、自分たちが使っている言葉のレベルを客観化できなくては始まりません。それには、古典に接するのが近道です。古典で自分たちの言葉の礎となった美しい言葉のあり方を確認し、そのうえで言葉を見直してみる――そういう手順が必要です。

それなのに、現在、学校の古文の授業では、ノートに行間を空けて全文を書き写し、わからない語や、助詞・助動詞、文法用法をすべて書き込み、全訳をつけることばかりが「義務」づけられています。半世紀前から何も変わりません。

このような学習方法は退屈で、とても時間がかかるものです。高校では古典以外にも、英語、数学、社会、理科と入試に直結する教科がいくつもあり、少し真面目にやろうとすれば、ほとんど遊ぶ暇もないくらい机に向かっていなければなりません。入試問題に占める割合の少ない古典の学習が最初に削られるのも当然です。そんな暇があるならば、何倍もの配点がある英語の学習に力を傾けることでしょう。

結局、生徒の大半は、ガイドを買ってきてノートに丸写しにするだけで古文の学習はすませてしまいます。本来なら、真の国語力を培《つちか》える大切な教科なのに、古典学習は単なる知識を暗記する学習に埋没してしまうのです。

こうして、そもそも音読教育が不足してきた子どもたちは、日本語の用途を、意味を追うだけに固めていくのです。そして、そんな彼らの日本語は真のコミュニケーションツールとしての役割を喪失していきます。それが、国語力低下の真の姿なのです。

例えば、通知票オール2のような子どもは、日本語ができないから、その成績に留まっているのです。音読をして、いい音を手に入れれば、日本語力がついて試験問題が読めるようになります。**どういうことを聞かれているかがわかるようになるだけで、六割くらいの成績はじわりと取れる**ようになります。もちろんその後の進歩のスピードは本人次第ですが……。

高校二年生くらいになって、あわててこの音読法を始めても効果はないのではないか、と思われる方もいるかもしれませんが、どのような場合でも、これが一番の近道なのです。なぜなら、日本語で了解できるようになっていない状態では、どのような勉強も正しく進められないからです。

最も大切なのは、日本語での「了解能力」です。音読をすれば、少なくとも古文は得意になります。古文がわかるようになると、現代文もわかるようになるものです。すると、英語の参考書も読めるし、数学の参考書も読めるようになります。そして、大学に入るまでに、本が読めて、文章が書けるようになります。

もし、国語の先生の意識が高く、音読の重要性を深く認識しているのならば、大きな声で古文を読み、口語訳をせずに文章を味わう授業を行っていることでしょう。生徒たちも熱心に授業に参加できるようになり、いつの間にかすべての学習の源である国語力が増強されて、他の教科の学習にも助けになるはずです。

それなのに、実際に教育の現場で始められるのは、小学校低学年からの英語教育というのですから、その無自覚さには驚くばかりです。日本で国語力なくして、英語力など身につくわけがありません。

英語が本当に必要なのは、日本から外に出て、日常的に英文の法律文書や契約書を読んで仕事をする必要があるごく一部の人だけでしょう。

そうではない人たちまでが、法律文書、契約書をはじめ、普段の生活全般で使っている日本語より他言語の修得を優先するというのは、絶対にナンセンスです。なかなか自覚はできないかもしれませんが、新しいタイプの支配の道具として英語が使われ始めているということを疑わなければなりません。

現在、日本語のみで表記されている法律文書が、英文でも併記されるようになったら、誰も彼も英語がネイティブ並みにできるようにならなければならなくなるでしょう。法律が読めない人は、支配されるだけですから。

戦後、英語を公用語にするというアメリカからの相当の圧力があったにもかかわらず、日本語が残ったというのは本当に幸運なことだったと思います。当用漢字が制定されて使える漢字の範囲が狭められ、廃止する方向で働きかけられていたのに、漢字も残りました。

ただ、英語を優先するという圧力のもと、戦前の日本人なら誰もが持っていた中国語の素養（といっても現代中国語ではなく漢文）は、見事になくなりました。古文の教科書から漢文の占める領域がどんどん狭くなり、今では、入試で漢文の試験を受けるなんて嫌だと誰もが言うようになっています。

アメリカは、フィリピンでは英語を公用語にすることに成功しました。そのために、フィリピンはいつまでもアメリカに支配されているような状態にあります。他の東南アジア諸国でも、英語による支配はかなり成功しています。

戦後、驚異的な発展を遂げた日本を、アジアのお手本と見て、高度経済成長期以降、マレーシア、シンガポールなど、アジア諸国からその秘密を探るべくたくさんの視察団が訪れました。彼らが驚いたことの一つに、**日本の高等教育機関である大学で（特殊な一部の大学を除いて）、英語ではなく日本語で講義が行われている**ということがありました。最先端の技術、知識、どんなに重要なことも日本語で教育されているのです。これこそが、アジア諸国の中で自由主義国家として日本が独立性を保ち、独自の驚異的発展を遂げることができた要因の一つと受け取られたのです。

私たち日本人にとってはごく当たり前のことで、それほどの自覚があったわけではないと思いますが、**文化的な独立性を保つのに言語はもっとも重要な要素**です。逆に、支配しようと思えば、教育機関の公用語を支配者に都合のよい言語にしてしまうのが手っ取り早いのです。

現在、グローバル化という名目のもと、海外からも学生を集める目的で、英語で講義をする大学が増えています。小学校低学年からの英語教育の導入も決定されました。再び、英語による支配の動きが静かに広がっているのではないでしょうか。

この動きに抵抗するには、音読を通じて、日本語の優れた古典を味わう若者を増やすしかありません。若者に日本語力をつけてやるしかないのです。

日本人が日本語力を伸ばせば伸ばすほど、支配されにくくなるのですから、これほどの防衛手段はないでしょう。戦後の日本が、大国の支配に飲み込まれずに済んだのも、当時の日本人に相当の日本語力があったからではないでしょうか。

私たちは、日本語が滅びなかったからこそ、「日本人」として生き残れたのです。

今の私たちに必要なのは、いたずらに軍備を増強することではなく、日本語力を戦前のレベルにまで高めることでしょう。それが国力を強くすることになるのですから、将来の備えとして、これほど信頼できる国防策はないのです。

グローバル化の時代に備えるというと、日本人が外へ出ていくことばかりが論じられがちですが、むしろ、外から日本に移民が入ってくる可能性のほうがずっと高いのです。そのときまでに、日本人が競争力をつけておくにも、日本語の能力をより高めておくことが重要になるのです。**大学受験も、就職試験も、資格試験も日本では日本語で行われる**のですから。

日本語には、漢字、ひらがな、カタカナがあり、その他の言語文化圏の人たちが習得するには非常に難しい言語です。しかし、一音一音に置き換えれば、他国の言語は日本語に取り込んで何とか使えてしまう原始的で便利な言語でもあります。

他の言語を母語とした人たちが日本語を習得するのは大変なことです。日本語ほど細かなニュアンスを使い分ける言語はありません。グローバル化の時代に、日本に生まれて、**日本語のネイティブになれたということは、実はむしろとんでもなくラッキーなこ**

となのかもしれません。

美しい日本語

音読してみると、日本語は本当に美しい言葉だと思います。神秘的な気持ちにすらなってきます。自分がそれを用いる民族であることを幸運だとすら感じます。

でも、実際その日本語がどこから来たのかはよくわかっていないのです。

もし、日本語が著しく古い源を持つ言語だとしたらどうでしょうか？　縄文時代から綿々と引き継がれてきた言葉だとしたら？

日本語とそっくりな言語は、世界に類がありません。だとすると、日本語は未開の言語なのでしょうか？　日本語は機能的ではない言語なのでしょうか？

日本語はあらゆる言語を取り入れ、あらゆる言語を翻訳することができる、許容量の大きな言語です。私は、日本語のことを知れば知るほど、優れた言語だと確信します。

日本語は、ほとんど日本だけで使われている言語で、一つの国で、一つの言語だけが使われている例は他にありません。

世界の言語の中で、日本語の使用人口は、中国語、英語、ロシア語、ヒンドゥー語、スペイン語に次いで六番目に多いのです。圧倒的な中国語の約十億人、英語の三億人以上のあとは、みな二億以下であることを思えば、日本語はかなり多くの地球人が使っている言語と見ることもできます。

ただ、この日本語で「了解」するのは意外に難しいのです。しかし、「感慨」を持つのはやさしいのです。つまり、日本語は、感性に訴えかけるのに優れた言語だとも言えるのです。**心を伝えようとする言語**といってもよいかもしれません。あえて言えば、日本語は「意味」よりも「気持ち（直感）」が大切な言語だということです。

日本語は「聴く」より「感じる」ことに本質があるのではないかと私は思っています。日本語とは、それほどに原始的な「原種」の要素を色濃く残す言語だとも考えられます。

日本語の美しさは「あはれ」としか表現できないような気がします。日本語の持つすばらしさとは、この「美しさ」のことに相違ありません。

そのすばらしい言語を母国語とする私たちが、さらにそれを磨き上げて子孫に伝えていこうとするのは、ある意味当然のことと言えるのではないでしょうか。

一音一音音読法の最もすばらしい点は、日本語が心から美しいと感じられるところにあります。この学習メソッドが普及することで、日本人自らが日本語の美しさを再認識するきっかけになることを強く願っています。

改訂を終えて

本書をご一読いただいた皆さまに改めて御礼を申し上げます。また、本書の趣旨通りに最後まで音読を実践された方には、心より「お疲れさまでした」とお伝えしたいと思います。

本書を読み終えた多くの方が、「なんだ、たったこれだけのことか。こうすれば古文が読めるのか」という不思議な思いを抱いていることと想像します。そうして、日本語古典を読んでそのままわかることの素晴らしい快感と同時に、その結果、自らの言語能力が高まっていることに気づかれているると思います。

人の言うところの意味が聴き取りやすくなった。
あまり考えなくても言葉が口をついて出るようになった。
本がよく読めるようになった。
おまけに、試しに文章を書いてみると、以前よりずっと楽に書けるようになった。

そう感じることができた人は、ぜひそれを親しい人にも伝えてください。

私がこの音読法を偶然発見?して、およそ三十年が経とうとしています。私はその間に、全ての学力を伸ばす家庭教師の秘技として、目の前に現れる生徒諸君にこれを伝えてきました。

また親御さんたちの間にもこれを学ぶ人が数多く現れ、そのお子さんたちに大きな効果が現れています。

あらゆる学習の基になる日本語能力。さらにその基となる古典音読。

コロナ以降、さらに「不登校」の子どもたちが増え、学校教育はより混迷を深めています。

しかし、不登校でも学校崩壊でも大丈夫。正しい日本語の力を身につけていれば大丈夫なのです。なぜなら、その力でテキストや本を読んで自分で学力を伸ばしていけるから。

そして、最後に大切なことをお伝えしておきます。

子どもの国語力を伸ばす教育を行なった親は、やがて子どもに感謝されることになるのです。事実、私のもとに通って、音読を学び大学に進学した者たちは言います。

「うちの親はなぜこれに気がついたのか。どうして松永先生が言っていることが正しいと思ったのか。それは、子どもの自分には絶対に気づけないことだった。だから、これがわかって、これを与えてくれた親に感謝する」

読者の皆さまは、わが子に次のように願っていることと思います。

子どもに「学歴」を与えたい。そうではなくとも自由に生きていく力を与えたい。子どもに勉強ができるようになってほしい。後悔するような人生を送らないでほしい。子どもが自立して、かつ自分で自らの道を切り開いていってほしい。

そして、その基になるのは、日本語古典文の音読によって身につく未来型の日本語能力なのです。

古典文は、私たちが用いる現代日本語の「鏡」であると考えています。「鏡」がなければ、そこに映る自らを客観視することも、確認することも、美しくもカッコよくもなれません。現代の日本語を、日本人の日本語能力を高めるためには、「鏡」が欠かせません。

だからこそ、この音読法が、全国の小学校で取り入れられる日が来ることを願ってやみません。日本の未来を支える子どもたちに、もっとも素晴らしい日本文の音を親から子、子から孫だけではなくて、全ての子どもたちに機会均等に届けること。それは日本人である私たち大人のするべき「仕事」であるはずです。そのために、本書、そして『カタカムナ音読法』（ワニプラス刊）をご活用ください。

自分の子どもだけにではなく、より多くの子にこの音読を学ぶ機会の輪を広げることに、是非あなたも一役買ってほしいと願います。

二〇二四年五月

松永暢史

聞くだけで国語力がつく、アタマがよくなる

『未来の学力は「親子の古典音読」で決まる！』著者による音読CD発売のお知らせ

本書に収録したすべての古典テキストを、著者自らが「カタカムナ読み」、「一音一音読み」、「祝詞読み」などで音読。母音の発音法やそれら読み方の解説とともに収録したCDを発売しています。著者による音読レッスンを体験できるとともに、聞き続けるだけで親子ともども国語力のアップが期待できます。

定価1000円+税（収録時間は72分）
このCDは一般書店等での発売はありません。

ご希望の方は、下記ワニブックスオフィシャルサイトの本書紹介ページをご参照ください。
https://www.wani.co.jp/

電話でのお問い合わせは、
☎**03-5449-2171**　株式会社ワニ・プラスまでお願いします
（11:00〜17:30　土・日・祝日を除く）。

動画はYouTubeで

著者自らが、発音法、「カタカムナ読み」など具体的な音読法を解説する動画をYouTubeにアップしています。「親子の古典音読」で検索、または上記ワニブックスオフィシャルサイトの本書紹介ページにあるアドレスからご視聴ください。

未来の学力は
「親子の古典音読」で決まる!
増補改訂版
簡単、単純、誰でもできて
国語力が飛躍的に伸びる

2024年7月10日　初版発行

著者　**松永暢史**
発行者　**佐藤俊彦**
発行所　**株式会社 ワニ・プラス**
〒150-8482
東京都渋谷区恵比寿4-4-9　えびす大黒ビル7階

発売元　**株式会社 ワニブックス**
〒150-8482
東京都渋谷区恵比寿4-4-9　えびす大黒ビル

装丁　**新　昭彦(TwoFish)**
編集協力　**森正由美子**
イラスト　**Ray**

印刷所　**中央精版印刷株式会社**
DTP　**株式会社ビュロー平林**

ワニブックスHP　https://www.wani.co.jp

ISBN978-4-8470-7455-4

松永暢史(まつなが・のぶふみ)
1957年、東京都生まれ。慶應義塾大学文学部哲学科卒。V-net教育相談事務所主宰。教育環境設定コンサルタント。能力開発インストラクター、そして受験プロ。音読法をはじめ、作文法、サイコロ学習法など様々な学習法を開発してきた。『男の子を伸ばす母親は、ここが違う!』(扶桑社)、『頭のいい子を育てる母親は、ここが違う!』『カタカムナ音読法』(ともにワニ・プラス)など著書多数。

ブイネット教育相談事務所
https://www.vnet-education.com/